Girard | Warum kämpfen wir?
Und wie hören wir auf?

[Was bedeutet das alles?]

René Girard

Warum kämpfen wir? Und wie hören wir auf?

Imitation und Streit

Aus dem Englischen übersetzt von Ulrich Bossier

Herausgegeben und mit einem Nachwort
von Cynthia L. Haven

Reclam

3. Auflage

RECLAMS UNIVERSAL-BIBLIOTHEK Nr. 14271
2022. 2025 Philipp Reclam jun. Verlag GmbH,
Siemensstraße 32, 71254 Ditzingen
info@reclam.de
Gestaltung: Cornelia Feyll, Friedrich Forssman
Druck und Bindung: Elanders Waiblingen GmbH,
Anton-Schmidt-Straße 15, 71332 Waiblingen
Printed in Germany 2025

ISBN 978-3-15-014271-4
reclam.de

Inhalt

Konflikt (1986)

Warum haben alle Menschen – ja, ich zweifellos auch – solch eine bemerkenswerte Fähigkeit zum Konflikt? Warum sind unsere Beziehungen so fragil, so leicht zu beschädigen und so schwer, wenn nicht gar unmöglich zu reparieren?

Die nukleare Sackgasse macht diese Frage heute zur dringlichsten aller Fragen. Neu ist sie freilich nicht. Paradoxerweise könnte die gegenwärtige Dringlichkeit ihre ungeheure Dimension eher verbergen als sie offenbaren. Stellen wir uns einmal für einen Moment vor, Amerika und Russland hätten einander erfolgreich und sorgfältig vernichtet, ohne dem Rest der Welt Schaden zuzufügen. Kann man ernsthaft glauben, dass dann, wo nun die Oberteufel fort sind (wie es die Ayatollahs[1] ausdrücken würden), die Welt endlich zum Frieden fände? Bestenfalls käme es zu einer Neuauflage der nuklearen Sackgasse, nur eben mit anderen Protagonisten.

Ein Politikwissenschaftler würde den Fokus wohl auf Amerika und Russland legen, auf Kapitalismus und Kommunismus, doch stellt sich in diesem Zusammenhang eine allgemeinere Frage. Diese ist so allgemein, dass sie abstrakt erscheint, und dabei ist sie ohne Zweifel sehr konkret und sehr real: Woher diese beträchtliche Fähigkeit der Menschen zum Konflikt?

Blicken wir zurück, dann erkennen wir, dass die gesamte Geschichte (und Vorgeschichte) der Menschheit immer rascher und rascher auf eine technische Schwelle zugelaufen ist, jenseits derer die zerstörerische Kraft der Waffen in Zusammenwirken mit der ingeniösen Gabe der Menschheit für Zwietracht keine Alternativen übriglässt als die folgenden zwei, nämlich die baldige Zerstörung allen Lebens auf diesem Planeten oder aber ein bedrohliches Fortfahren des Bisherigen in einer Welt, die permanent am Rande des totalen Desasters steht.

Sollen wir die Schuld an dieser Entwicklung dem Nationalstaat als solchem zuschreiben oder vielleicht gar, wie Jean-Jacques Rousseau, jeglicher Form sozialer Organisation? Das wäre aber bloß eine weitere Methode, der eigentlichen Frage auszuweichen.

Können wir für unsere individuelle und kollektive Gespaltenheit irgendein gewaltiges ›System‹ verantwortlich machen, das uns im Interesse irgendwelcher dunklen Mächte manipuliert? Manche Systeme sind zweifellos besser als andere, nur die Tatsache, dass wir alle sterben müssen, bleibt davon unberührt; aber wir müssen noch jenes System herausfinden, das die ingeniöse Gabe des Menschen zur Zwietracht daran hindert, sich weiterhin zu behaupten. Meiner Meinung nach wurzelt diese Gabe in einer Form der Entfremdung, die viel umfassender und universeller ist als jene, die Marx, Freud und andere entdeckt haben.

Selbst die Leidenschaftlichsten unter uns empfinden nie das Gefühl, dass sie wahrhaft die Personen sind, die sie sein wollen. Für sie ist das wunderbarste Wesen, der einzige Halbgott, immer *jemand anders*, und dem eifern sie nach und übernehmen dessen Wünsche und Ziele und bescheren sich selbst dadurch ganz sicher ein Leben beständiger Zwietracht und Rivalität mit denen, die sie gleichzeitig hassen und bewundern.

In der alten Sprache religiöser Ethik gilt die Todsünde des Hochmuts als selbstschädigend. Je selbstzufriedener und autonomer ein Mensch zu sein versucht, desto komplizierter und verdrehter verwickelt er sich ins Fremde.

Niemand, scheint mir, kann die außerordentliche Fähigkeit des Menschen zum Konflikt untersuchen, wenn er nicht zuerst erkennt, dass er ein Teil des Problems ist und dass seine schlechtesten Triebe untrennbar vermengt sind mit seinen besten.

Die zwangsläufige persönliche Involviertheit des Fragestellers wie auch der allumfassende Charakter der Frage verleihen meiner Untersuchung einen ›philosophischen‹ oder sogar ›religiösen‹ Einschlag, der wohl dauerhaft verhindert, dass ein Wissenschaftler sie für ›wissenschaftlich‹ hält. Bedeutet dies, dass unsere Wissenschaftskultur diese Frage ignorieren darf? Kann sie sich das wirklich leisten?

Über Krieg und Apokalypse (2009)

Meine Arbeit wird oft als eine Erörterung über archaische Religionen mit den Mitteln der komparativen Anthropologie bezeichnet. Ihr Ziel ist es, den Prozess der Menschwerdung zu beleuchten: den faszinierenden Übergang vom Tiersein zum Menschsein, der sich vor Tausenden Jahren ereignete.

Die zentrale Hypothese meiner Theorie dreht sich in allen Fällen um *Mimesis*[1]: Da die Menschen einander imitieren, mussten sie ein Mittel finden, mit der ansteckenden Ähnlichkeit umzugehen, die schlicht und einfach zum Verschwinden ihrer Gemeinschaft führen konnte. Der Mechanismus, mit dem sie dieses Problem bewältigten, war das *Sakrifiz* (die rituell überhöhte Opferung), das in eine Situation, da jeder jedem gleichsah, wieder Unterschiede einführte.

Dies bedeutet, dass unser Menschsein vom Sakrifiz herrührt; wir sind Kinder der Religion. Was ich, nach Freud, den ›Urmord‹ nenne – die Vernichtung eines sakrifiziellen Opfers, das schuldig an Unordnung, aber gleichzeitig fähig ist, Ordnung wiederherzustellen –, hat sich in den Anfängen unserer Institutionen beständig vollzogen. Seit dem Anbruch des Menschseins wurden dergestalt Millionen unschuldiger Opfer getötet, damit ihre Mitmenschen miteinander zusammenleben konnten oder wenigstens nicht einander vernichteten.

Dies ist die unerbittliche Logik des Sakralen, die ursprünglich von Mythen verschleiert wurde; deren Verbergungspotenz nimmt aber ab, je mehr die Menschen ihrer selbst bewusst werden. Der entscheidende Punkt in dieser Entwicklung liegt in der christlichen Offenbarung. Rituale hatten in einem langsamen Prozess die Menschen erzogen; nach dem Christentum mussten sie ohne diese zurechtkommen. Anders gesagt: Das Christentum hat die Religion demystifiziert.

Nun ist Demystifikation, absolut gesehen, ja etwas Gutes;

relativ betrachtet jedoch hat sie sich als etwas Schlechtes herausgestellt, denn wir waren nicht darauf vorbereitet, ihre Konsequenzen zu schultern. Wir sind nicht christlich genug.

Das Paradox lässt sich auch anders ausdrücken: Das Christentum ist die einzige Religion, die ihr eigenes Scheitern vorhergesehen hat. Diese Prophezeiung ist bekannt als die Apokalypse. Tatsächlich ist Gottes Wort in den apokalyptischen Schriften am energischsten: Dort geißelt er Missstände, die gänzlich von den Menschen verschuldet sind, welche sich immer weniger geneigt zeigen, die Mechanismen ihrer Gewalt anzuerkennen. Je länger wir im Irrtum verharren, desto mächtiger schallt Gottes Stimme aus der Verwüstung heraus. Deshalb mag niemand die apokalyptischen Texte lesen, von denen die synoptischen Evangelien und die Paulus-Briefe förmlich überquellen. Deshalb will auch niemand erkennen, dass diese Texte sich uns deshalb wuchtig entgegenstellen, weil wir das Buch der Offenbarung ignoriert haben. Einmal in der Geschichte wurde die Wahrheit über die Identität aller Menschen ausgesprochen, und niemand wollte es hören; dafür halten wir umso wahnhafter an unseren unechten Unterschieden fest.

Zwei Weltkriege, die Erfindung der Atombombe und all die übrigen Schrecken der Moderne haben nicht genügt, um die Menschen – und am allerwenigsten die Christen – davon zu überzeugen, dass die apokalyptischen Texte ein Desaster betreffen könnten, das sich auf dem Weg zu uns befindet. Gewalt wurde über die ganze Welt losgelassen, und wir befinden uns in folgender paradoxer Situation: Indem wir näher an Alpha kommen, gehen wir auf Omega zu: Indem wir den Ursprung besser verstehen, können wir jeden Tag ein bisschen klarer sehen, dass der Ursprung näher rückt. Infolge des Urmordes[2] wurden uns Fesseln angelegt, die infolge der Passion wieder fielen – mit der Konsequenz einer Freisetzung von Gewalt weltweit.

Wir können die Bande nicht wieder festzurren, weil wir

wissen, dass die Sündenböcke im Sakrifizprozess unschuldig sind. Die Passion Christi hat den sakrifiziellen Ursprung der Menschheit ein für alle Mal enthüllt. Sie demontierte das Heilige und offenbarte seine Gewalt. Und doch: Als die Passion das Heilige freisetzte, setzte sie gleichzeitig auch die Gewalt frei. Die moderne Form des Heiligen ist daher keine Rückkehr zu einer archaischen Form. Es ist ein Heiliges, das satanisiert wurde durch die Tatsache, dass wir uns seiner bewusst sind, und durch seine Exzesse signalisiert sie uns das Bevorstehen der Zweiten Wiederkunft.

»Krieg ist«, schrieb Heraklit, »von allem der Vater.«[3] Dieses Gesetz der menschlichen Beziehungen wurde im 19. Jahrhundert neu formuliert, ein paar Jahre nach Napoleons Sturz, in einer Amtsstube der Berliner Militärakademie. Und diese Neuformulierung erfasste einen bestimmten Zug der Politik, nämlich die Neigung zu Extremen und die Unfähigkeit, das gegenseitige Hochschaukeln von Gewalt unter Kontrolle zu halten. Der Autor dieser Äußerung, Carl von Clausewitz (1780–1831), konnte sein Buch *Vom Kriege* nicht mehr vollenden, aber es ist vielleicht der bedeutsamste Text, der je zu diesem Thema geschrieben wurde: eine Abhandlung, welche die Engländer, die Deutschen, die Franzosen, die Italiener, die Russen und die Chinesen wieder und wieder gelesen haben, seit dem Ende des 19. Jahrhunderts bis zum heutigen Tag.

Clausewitz' *Vom Kriege* tritt auf mit dem Anspruch, eine Arbeit über Strategie zu sein. Es untersucht die seinerzeit jüngsten Beispiele für die Neigung zu Extremen, die denen, die sie praktizierten, wie üblich nicht bewusst waren. Clausewitz spricht zu uns über sein Spezialgebiet, als hätte er mit den realen Waffengängen ringsherum nichts zu tun oder nichts zu tun gehabt, und das Ergebnis seiner Analyse hat Implikationen, die weit über seine Rede hinausgehen. Er formulierte und half zu identifizieren, was man ›ein Preußentum in seiner verstörendsten Form‹ nennen könnte, ohne allerdings die Konsequenzen dessen zu Ende zu denken, was er da identifiziert hatte.

Wir sind die erste Gesellschaft, die weiß, dass sie sich selbst vollständig zerstören kann. Doch fehlt uns der Glaube, der sich unter diesem Wissen halten könnte. Nicht Theologen haben uns auf den Weg der neuen Rationalität geführt; dies leistete jemand, der 1831 mit 51 Jahren starb. Clausewitz war ein Militärtheoretiker, den Frankreich, England und die Sowjetunion verachteten, ein temperamentvoller Schreiber, der niemanden gleichgültig ließ. Seine Thesen zum damaligen Ist-Zustand haben keine Zukunft. Doch weisen sie eine Unterströmung auf, die man laut verlesen sollte, weil er eine verborgene Wirklichkeit offenbaren könnte.

Es wäre heuchlerisch, *Vom Kriege* nur als technisches Buch zu sehen. Was geschieht, wenn wir die Extreme erreichen, die Clausewitz nur flüchtig streift, bevor er sie hinter seinen strategischen Überlegungen verbirgt? Dies ist die Frage, die wir uns heute stellen müssen. Clausewitz hat eine erstaunliche Intuition, was den beschleunigten Lauf der Geschichte betrifft, doch verschleierte er seine Erkenntnisse gleich wieder und versuchte seinem Buch den Ton einer technisch-wissenschaftlichen Abhandlung zu geben. Wir müssen daher Clausewitz vervollständigen, indem wir den Weg wieder aufnehmen, den er abgebrochen hat, und ihn zu Ende gehen. Die Interpretation des Werks *Vom Kriege* zu vervollständigen heißt zu erkennen, dass seine Bedeutung eine religiöse ist und dass nur eine religiöse Interpretation die Chance hat, zu dem vorzustoßen, was an ihm wesentlich ist. Durch Clausewitz' Text wird die Relevanz apokalyptischer Texte augenscheinlicher und eindringlicher.

Wir dürfen den Autor des Buches *Vom Kriege* nicht zum Sündenbock machen, wie es in ihrer Zeit Stalin und einer von Clausewitz' berühmtesten Kommentatoren, Liddell Hart[4], getan haben. Uns stellt aber auch die Schüchternheit nicht zufrieden, mit der Raymond Aron[5] versucht hat, ihn zu rehabilitieren. Der Grund dafür, dass der Text bis heute nicht völlig verstanden wurde, lieg vielleicht daran, dass er zu oft attackiert und verteidigt wurde. Es ist, als hätten wir noch nicht den Wunsch verspürt, die zentrale Intuition zu verstehen, die er zu verbergen sucht.

Diese ständige Verleugnung ist interessant. Clausewitz war wie alle großen Autoren besessen von Animositäten. Er wollte rationaler sein als die Strategen, die ihm vorausgegangen waren, und da geschah es ihm, dass er plötzlich seinen Finger auf einen Aspekt der Realität legte, der absolut irrational ist. Er schreckte zurück und versuchte, davor seine Augen zu verschließen.

Clausewitz nahm die Beziehungen zwischen den Menschen als mimetisch wahr, obwohl sein philosophischer Ansatz dem des Rationalismus der Aufklärung entsprach. Er lieferte alles, was notwendig war, um darzutun, dass die Welt mehr und mehr zu Extremen neigt, und doch behinderte und begrenzte seine Vorstellung seine Intuitionen. Clausewitz und seine Kommentatoren wurden von ihrem Rationalismus gehemmt. Dies beweist bestens, dass eine andere Art von Rationalität erforderlich ist, um die Wirklichkeit dessen zu verstehen, was er flüchtig beleuchtet hat.

Von einer »Wechselwirkung wider das Streben nach dem Äußersten« ist bei Clausewitz die Rede, und im ersten Kapitel schreibt er: Krieg sei »ein Akt der Gewalt, und es gibt in der Anwendung derselben keine Grenzen; so gibt jeder dem andern das Gesetz, es entsteht eine Wechselwirkung, die dem Begriff nach zum Äußersten führen muss.«[6] Ohne es zu bemerken, erkannte Clausewitz nicht nur das apokalyptische Schema, sondern auch die Tatsache, dass es verbunden ist mit mimetischer Rivalität. Wie kann diese Wahrheit in einer Welt verstanden werden, die weiterhin ihre Augen verschließt vor den unkalkulierbaren Konsequenzen der mimetischen Rivalität? Nicht nur, dass Clausewitz recht hatte, im Gegensatz zu Hegel und aller modernen Weisheit; vielmehr schließt das, womit er recht hatte, schreckliche Implikationen für die Menschheit ein. Allein dieser Kriegshetzer hat einige Dinge richtig erkannt.

Christus erlaubt es uns, dass wir uns dieser Wirklichkeit stellen, ohne in Wahnsinn zu versinken. Die Apokalypse verkündet nicht das Ende der Welt; sie schafft Hoffnung. Wenn wir plötzlich die Realität erkennen, erleben wir nicht die absolute Verzweiflung einer nichtdenkenden Moderne, sondern entdecken eine Welt wieder, in der Dinge eine Bedeutung haben. Hoffnung ist nur dann möglich, wenn wir über die Gefahr nachdenken, die uns droht; dies macht es jedoch erforderlich, dass wir uns sowohl den Nihilisten, für die alles nur Sprache ist, als auch den pragmatischen Realisten entgegenstellen, die die Vorstellung verwerfen, der Verstand könne zur Wahrheit vorstoßen: Zu dieser Gruppe gehören Staatenlenker, Bankiers und Soldaten, die vorgeben, uns zu retten, während sie uns tatsächlich jeden Tag tiefer in die völlige Zerstörung treiben.

Indem er akzeptierte, gekreuzigt zu werden, brachte Christus Licht in etwas, das »seit Anbeginn der Welt verborgen geblieben«[7] war – das Geschehen zu diesem Anbeginn selbst, der einmütige Mord, der zum ersten Mal im hellsten Tageslicht am Kreuz erschien. Um zu funktionieren, mussten archaische Religionen ihren Urmord verbergen, der dann kontinuierlich in rituellen Opfern wiederholt wurde; so schützten sich menschliche Gesellschaften vor ihrer eigenen Gewalt. Indem es den Urmord offenbarte, zerstörte das Christentum die Ignoranz und den Aberglauben, die für solche Religionen unverzichtbar sind. So machte es einen Erkenntnisfortschritt möglich, der bis dahin undenkbar gewesen war.

Befreit von sakrifiziellen Einschränkungen erfand der

menschliche Geist Wissenschaft, Technik und alles Beste und Schlechteste in der Kultur. Unsere Zivilisation ist die kreativste und wirkmächtigste, welche die Welt je gekannt hat, aber auch die fragilste und bedrohteste Zivilisation, denn sie besitzt nicht mehr die Absturzsicherungen der archaischen Religion. Ohne Sakrifiz im weitesten Sinne könnte sie sich selbst zerstören, wenn sie nicht achtgibt, was sie eindeutig nicht tut.

War Paulus größenwahnsinnig, als er im Ersten Korintherbrief von der »heimlichen, verborgenen Weisheit Gottes« schrieb, »welche keiner von den Obersten dieser Welt erkannt hat; denn so sie die erkannt hätten, hätten sie den HERRN der Herrlichkeit nicht gekreuzigt«?[8] Ich sehe dies anders. Die Herrscher der damaligen Zeit, alles, was Paulus »Mächte« und »Fürstentümer« nennt, hatten Staatsstrukturen, die aufbauten auf dem Urmord, was effektiv, weil verborgen war. Die führende Kraft war hier das Römische Reich, das wesensmäßig Böse war im Absoluten, aber unverzichtbar im Relativen – und immer noch besser als die totale Zerstörung, vor der uns die christliche Offenbarung warnt. Noch einmal: Dies bedeutet nicht, dass die christliche Offenbarung etwas Schlechtes wäre. Sie ist etwas gänzlich Gutes, nur sind wir leider unfähig, mit ihr zu Rande zu kommen.

Ein Sündenbock bleibt solange effektiv, wie wir an seine Schuld glauben. Einen Sündenbock zu haben bedeutet, nicht zu wissen, dass wir einen haben. Sobald uns bewusst wird, dass wir einen Sündenbock haben, verlieren wir ihn auf immer und sehen uns mimetischen Konflikten ausgesetzt, für die es keine Lösung gibt. Dies ist das unerbittliche Gesetz der Neigung zu Extremen. Das Schutzsystem, das im Schaffen von Sündenböcken besteht, wird letztendlich zerstört durch die Erzählungen von der Kreuzigung, weil sie die Unschuld Jesu und nach und nach auch die aller ähnlichen Opfer enthüllen. Der Prozess einer Erziehung, die hinwegführte vom gewalttätigen

Sakrifiz, setzte sich in Gang, doch kam er nur sehr langsam voran, und seine Fortschritte blieben weitgehend unbewusst. Erst in unseren Tagen zeigte er bemerkenswerte Ergebnisse, die sich als behagliche Existenz niederschlugen – und gleichzeitig erweist er sich als immer gefährlicher für das Leben auf der Erde.

Damit die Offenbarung gänzlich gut und in keiner Weise bedrohlich werde, müssen die Menschen nur das Verhalten annehmen, das Christus ihnen nahelegt: völligen Abstand nehmen von Rache und Vergeltung und auf die Neigung zu Extremen verzichten. In der Tat, wenn man an der Neigung zu Extremen festhält, wird dies geradewegs zur Vernichtung allen Lebens auf diesem Planeten führen. Diese Möglichkeit streifte Raymond Aron, als er sich zu Clausewitz äußerte. Er schrieb dann eine beeindruckende Arbeit, dazu gedacht, apokalyptische Logik aus seinem Sinn zu vertreiben und sich selbst um jeden Preis den Glauben zu erhalten, dass das Schlimmste vermieden werden könne, dass Abschreckung immer triumphieren würde. Hier bricht eine religiöse Klarsicht an, die dem überlegen ist, was die meisten Menschen ertragen, doch sie genügt nicht. Wir müssen die Interpretation des Textes weitertreiben. Wir müssen die Interpretation *vollenden*.

Seit der ›romanesken Konversion‹, die sich in meiner Studie von 1961 vollzog, betitelt *Figuren des Begehrens*[9], waren all meine Bücher mehr oder minder explizite Verteidigungen des Christentums. Das Christentum ist ein Urmord in Umkehrung, und das erhellt, was verborgen bleiben muss, um rituelle, sakrifizielle Religionen hervorzubringen. Paulus verglich es mit Nahrung für Erwachsene, im Gegensatz zur Nahrung für Kinder, die die archaischen Religionen gewesen seien. Bei Nietzsche finden sich ähnliche Intuitionen; er sprach vom »infantilen« Charakter der Griechen.

Um die Situation noch verdrehter zu machen: Die christliche Offenbarung ist paradoxerweise das Opfer des Wissens, das sie hervorbringt. Absurderweise wird sie vermengt mit Mythos, was sie eindeutig nicht ist, und zweiseitig missverstanden, nämlich sowohl von ihren Feinden als auch von ihren Anhängern, die beide dazu neigen, sie mit einer der archaischen Religionen zu verwechseln, die sie ja gerade demystifiziert. Dabei kommt alle Demystifikation vom Christentum her. Und noch besser: Die einzige wahre Religion ist jene, die die archaischen Religionen demystifiziert.

Christus kam, um an die Stelle des Opfers zu treten. Er platzierte sich im Herzen des Systems, um dessen geheime Wirkungsweise zu offenbaren. Der zweite Adam, um den Ausdruck des heiligen Paulus zu gebrauchen, offenbarte uns, wie der erste ins Sein trat. Die Passionsgeschichte offenbart uns, dass Humanität aus dem Sakrifiz hervorgeht, dass sie zeitgleich mit Religion geboren wird. Nur Religion konnte die Konflikte im Zaum halten, die, wäre sie nicht da gewesen, die ersten Gemeinschaften der Menschen zerstört hätten. Die mimetische Theorie will nicht demonstrieren, dass der Mythos null und nichtig sei, sondern will ein Licht werfen *auf die fundamentale Diskontinuität und Kontinuität zwischen der Passion und der archaischen Religion.* Die Göttlichkeit Christi, die schon vor der Kreuzigung gegeben ist, bedeutet einen radikalen Bruch mit dem archaischen Glauben, doch steht Christi Auferstehung vollständig in Kontinuität mit allen Formen der Religion, die vorher existierten. Der Weg aus der archaischen Religion heraus hat genau diesen Preis. Eine gute Theorie über Menschheit und Menschlichkeit muss auf einer guten Theorie über Gott basieren.

Lebewesen, die sich noch im Erziehungsprozess befinden, die Menschen werden sollen, aber es noch nicht vollständig sind, können diesen Weg nur vollenden, indem sie sich am Göttlichen messen; und schließlich kommt der Moment, da Gott sich ihnen vollständig offenbaren kann. Es ist verständlich, dass Christus den Aposteln Furcht einjagte. Er ist aber das einzige Modell für die angemessene Mensch-Gott-Beziehung, das nämlich den Menschen in genau dem richtigen Abstand vom Göttlichen platziert. Christus kam, um zu offenbaren, dass sein Reich nicht von dieser Welt sei, dass die Menschen aber, sobald sie die Mechanismen ihrer eigenen Gewalt verstanden hätten, eine akkurate Anschauung dessen erlangen könnten, was dahinterliegt. Wir alle können an der Göttlichkeit Christi teilhaben, solange wir von unserer eigenen Gewalt Abstand nehmen.

Und doch wissen wir, zum Teil auch dank Clausewitz, dass die Menschen nicht auf Gewalt verzichten werden. Wir stehen vor dem Paradox, dass wir die Botschaft des Evangeliums exakt in dem Moment erfassen, da die Neigung zu Extremen im Begriff ist, das einzige Gesetz der Geschichte zu werden.

Die christliche Offenbarung hat alle Religionen in ihrer Beziehung zum Göttlichen bestätigt, die von der modernen Welt verworfen wird. Sie *bestätigt*, was andere Religionen bereits flüchtig berührt haben. Man könnte sagen, dass Christus genau deshalb, weil er das Muster der falschen Wiederauferstehungen akzeptiert hat, wahrhaftig auferstanden ist. Die Nutznießer der archaischen Wiederauferstehungen, die Frieden und Ordnung stabilisierten, standen in einer realen Beziehung zum Göttlichen. Es existierte etwas Christliches in allen Mythen. Indem sie jedoch die Unschuld des Opfers offenbart, macht die Passion positiv, was in den Mythen noch negativ war: Nun wissen wir, dass Opfer niemals schuldig sind. Satan wird so ein heiliger Name, der offenbart, freilich aber auch entwertet wird durch die Intervention Christi.

In unseren Tagen vervielfachen die Klugen und Scharfsinnigen (aktuell vermutlich unter den Akademikern zu verorten) blindwütig ihre Attacken auf das Christentum und gratulieren einander wieder einmal zu dessen fortschreitendem Niedergang. Diese Unglücklichen verstehen nicht, dass ihr Skeptizis-

mus selbst ein Nebenprodukt der christlichen Religion ist. Sicherlich müssen wir begrüßen, wenn wir die sakrifiziellen Idiotien der Vergangenheit loswerden, um den Fortschritt zu beschleunigen, Hindernisse zu beseitigen, die den Vorwärtsmarsch der Menschheit hemmen, und um die Erfindung und Produktion dessen zu erleichtern, was unsere Leben mit mehr Wohlstand und Behaglichkeit versieht (zumindest im Westen); doch ist nichtsdestoweniger wahr, dass die sakrifizielle Dummheit uns auch vor der Perfektionierung der Methoden bewahrt hat, einander zu töten.

Paradoxerweise wäre ein dummes Sakrifiz genau das, was wir momentan am dringendsten brauchen. Nur noch wenige Christen reden über die Apokalypse, und sie haben in der Regel eine durch und durch mythologische Vorstellung von ihr. Sie denken, dass die Gewalt am Ende aller Zeiten von Gott selbst ausgehen werde. Sie kommen nicht aus ohne einen grausamen Gott. Seltsamerweise sehen sie nicht, dass die Gewalt, die wir selber anhäufen und die drohend über unseren Köpfen ragt, völlig zureicht, um das Schlimmste auszulösen. Sie haben keinen Sinn für Humor.

Gewalt ist ein furchtbarer Gegner, weil sie immer siegt. Sich Krieg herbeizuwünschen kann so zu einer geistigen Haltung werden. Wir müssen eine Gewalt bekämpfen, die nicht mehr kontrolliert oder bewältigt werden kann. Mehr als jemals zuvor bin ich überzeugt, dass Geschichte einen Sinn hat und dass dieser Sinn Furcht einflößt.

Tatsächlich fungiert das apokalyptische Momentum als Verbindungsglied zwischen Clausewitz' Abhandlung und Überlegungen zum weiteren Schicksal Europas. Wenn wir zur logischen Schlussfolgerung aus alldem unsere Analyse einer neuen globalen Eskalation der Extreme hinzunehmen, müssen wir die komplette Neuheit der Situation mitbedenken, die seit dem 11. September 2001 herrscht. Der Terrorismus hat den Level der Gewalt wieder auf eine hohe Stufe geführt. Er ist eine der letzten Metastasen des Krebses, der die westliche Welt zersetzt hat. Der Terrorismus ist die Avantgarde eines allgemeinen Rachezugs gegen den Wohlstand des Westens. Hier erwacht sehr gewalttätig und mit unvorhersagbarem Ergebnis ein Eroberungsdrang wieder zum Leben, der umso erschreckender ist, weil er auf seinem Weg auch Amerika berührt hat.

Wer sich das klarmacht, weiß, dass die Zukunft der Idee Europas – und der Wahrheit des Christentums, die sie durchzieht – sich nicht nur in Europa entscheiden wird, sondern ebenso in Südamerika, Indien und China. Europa spielte bis jetzt eine Rolle vergleichbar der, die Italien im 17. Jahrhundert spielte, nur schlimmer. Es war das Schlachtfeld der ganzen Welt. Europa ist ein erschöpfter Kontinent, der dem Terrorismus keinen starken Widerstand mehr entgegensetzen kann. Darum wirken die Attacken so überwältigend, die oft von Leuten ausgeführt werden, die im Inneren des jeweiligen Landes leben. Widerstand dagegen ist eine umso komplexere Sache, als die Terroristen uns nahe, ja neben uns sind. Ihre Aktionen sind völlig unvorhersehbar. Die bloße Vorstellung, dass Schläferzellen[10] existieren, bestätigt alles, was wir über die gewaltsamen Mechanismen gesagt haben, mit denen Kulturen ihre Vorgänge regeln: Die Identität von Leuten kann plötzlich eine Wendung ins Schlimmste auslösen.

Atta, der Anführer des Kommandos, das am 11. September die vier Flugzeuge steuerte, kam aus einer mittelständischen ägyptischen Familie. Es ist erstaunlich, wenn man sich vorstellt, dass er die letzten drei Tage vor der Attacke die Nächte mit seinen Komplizen in Bars verbracht hatte. Darin liegt etwas Mysteriöses und Beunruhigendes. Wer fragt, was in den Seelen dieser Leute vorging? Wer waren sie, und was waren ihre Motivationen? Was bedeutete ihnen der Islam? Was bedeutet es, sich selbst für diese Sache umzubringen?

Wir werden Zeugen einer neuen Stufe der Eskalation in die Extreme hinein. Terroristen haben verkündet, dass sie bereit seien zu warten, dass sie ein anderes Verständnis von Zeit hätten als wir. Dies ist ein klares Zeichen einer Rückkehr zum Archaischen, einer Rückkehr in das siebte, achte und neunte Jahrhundert, die ihre Bedeutung in sich selbst hat. Doch wer beachtet diese Bedeutung? Wer schätzt ihr Ausmaß ein? Wäre dies eine Aufgabe für das Außenministerium? Wir haben in der Zukunft noch eine Menge unerwarteter Dinge zu erwarten. Wir werden Dinge erleben, die sicherlich noch schlimmer ausfallen. Doch die Menschen werden in ihrer Taubheit verharren.

Am 11. September waren die Leute erschrocken, doch beruhigten sie sich schnell wieder. Es gab einen Blitzmoment der Bewusstwerdung, der nur ein paar wenige Bruchteile einer Sekunde dauerte. Die Menschen spürten, dass da etwas geschah. Dann jedoch verhüllte bald eine Decke des Schweigens den Riss in unserer Gewissheit, sicher zu sein. Der westliche Rationalismus funktioniert wie ein Mythos: Wir arbeiten immer härter daran, die Katastrophe nicht wahrzunehmen. Die Gewalt so zu sehen, wie sie ist, können und wollen wir nicht. Das einzige Mittel, mit dem wir der terroristischen Herausforderung begegnen könnten, bestünde darin, dass wir unsere Denkweise radikal änderten. Doch je klarer wird, was geschieht, desto hartnäckiger weigern wir uns, es zur Kenntnis zu nehmen. Diese historische Konstellation ist so neu, dass wir nicht wissen, wie damit umzugehen ist. Hier haben wir exakt eine Modalität dessen, was Pascal[11] erkannte: des Krieges zwischen Gewalt und Wahrheit. Man denke nur an die Unangemessenheit unserer Avantgarden aus jüngster Zeit, welche die Nichtexistenz des Realen predigten.

Wir müssen unsere Vorstellung über Zeit dahingehend ausrichten, dass uns die Schlacht bei Poitiers[12] und die Kreuzzüge viel näher sind als die Französische Revolution und die Industrialisierung im *second empire* Frankreichs. Die Sichtweisen der westlichen Länder sind für Islamisten Hintergrundmerkmale, die sie besonders interessieren. Über die westliche Welt denken sie, dass sie so schnell wie möglich islamisiert werden müsse. Analytiker verstehen dies gern als Einstellung isolierter Minderheiten, die in ihren Ländern von der Wirklichkeit abgeschnitten seien. Das mag stimmen, was das Handeln betrifft – doch stimmt es auch, was das Denken betrifft? Steckt in diesem Denken nicht doch etwas essentiell Islamisches? Eine Frage, die zu stellen wir uns trauen müssen, auch wenn zweifelsfrei feststeht, dass Terrorismus eine brutale Aktion ist, die religiöse Codes für ihre Zwecke kapert. Er würde nicht so viele Leute derart faszinieren, wenn er nicht etwas aktualisierte, das stets im Islam vorhanden war. Zur großen Überraschung unserer weltlichen Republikaner ist religiöses Denken im Islam noch sehr lebendig. Unbestritten sind einige von Mohammeds Lehren in der heutigen Welt aktiv.

Wie wir im Fall des Islam bezeugen können, ist dies trotzdem viel mehr als eine Rückeroberung; da kommt etwas empor, das seit der Französischen Revolution aufsteigt, besonders seit dem Ende der kommunistischen Periode, die eine Art Mittlerrolle innehatte. Tatsächlich besaß der Leninismus einige der Merkmale, die auch der radikale Islam aufweist, doch war das, was ihm fehlte, die Religion. Die Eskalation in Extreme vermag alle Komponenten des gesellschaftlichen und geistigen Lebens zu benutzen: Kultur, Mode, politische Theorie, Theologie, Ideologie und Religion. Was die Geschichte antreibt, ist nicht, was den Augen westlicher Rationalisten wesentlich ist.

Hätten wir in den 1980ern gesagt, der Islam werde einmal die Rolle spielen, die er heute spielt – wir wären für verrückt erklärt worden. Doch die Ideologie, die Stalin vertrat, enthielt parareligiöse Komponenten, die ihre Schatten schon auf die wachsende radikale Kontamination vorausgeworfen hatten, die sich im Laufe der Zeit dann vollzog. Wir müssen daher unsere Art zu denken radikal ändern und versuchen, die Situation zu verstehen, und zwar ohne jegliche stillschweigenden Voraussetzungen und unter Nutzung aller erhältlichen Quellen, die uns bei der Analyse des Islam helfen.

Die Arbeit, die da vor uns liegt, ist gewaltig. Persönlich habe ich den Eindruck, dass diese Religion die Bibel als eine Stützhilfe benutzt hat, um eine archaische Religion aufzubauen, die machtvoller ist als all die anderen. Sie droht ein apokalyptisches Instrument zu werden, die neue Gestalt der Eskalation in Extreme. Obwohl keine archaischen Religionen mehr existieren, hat es den Anschein, als hätte eine neue sich erhoben, die konstruiert ist auf der Grundlage der Bibel, einer leicht abgewandelten Bibel. Es wäre eine archaische Religion, die zur eigenen Verstärkung bestimmte Aspekte der Bibel und des Christentums einbeziehen würde. Die archaische Religion ist im Angesicht der jüdisch-christlichen Offenbarung kollabiert, aber der Islam hält stand. Während das Christentum das Element des Sakrifizes ausschaltet, wo immer es Fuß fasst, scheint der Islam Positionen anzunehmen, die dieser Zurückweisung vorangingen.

Natürlich findet sich in ihrem Ansatz Ressentiment gegen das Judäo-Christentum und den Westen, doch handelt es sich eben auch um eine neue Religion. Religionshistoriker und sogar Anthropologen müssen dartun, wie und warum sie entstand. Wohl wahr, einige Aspekte dieser Religion implizieren ein Verhältnis zur Gewalt, das wir nicht verstehen, und das aus gutem Grund, weil sie uns mehr beunruhigt. Wir erkennen keinen Sinn darin, dass jemand mit seinem Leben für das Vergnügen bezahlt, andere sterben zu sehen. Wir wissen nicht, ob solche Phänomene zu einer besonderen Psychologie gehören oder nicht.

So sehen wir uns einem kompletten Scheitern gegenüber: Wir können nicht darüber reden, und wir können die Situation nicht dokumentieren, weil der Terrorismus eine neue Erscheinung ist, die islamische Codes nutzt, aber ganz und gar nichts mit der klassischen islamischen Theorie zu tun hat. Der Terrorismus unserer Tage ist etwas Neues, selbst aus islamischer Sicht. Er ist ein moderner Versuch, das mächtigste und raffinierteste Wirkmittel der westlichen Welt auszukontern: die Technik. Er konterkariert sie auf eine Weise, die wir nicht verstehen und die der klassische Islam vielleicht auch nicht versteht.

Mit Clausewitz' Gedanken lässt sich eine historische Entwicklung leichter erschließen. Er gibt uns die intellektuellen Mittel in die Hand, die gewalttätige Eskalation zu begreifen. Doch wo finden wir solche Ideen im Islam? Modernes Ressentiment führt nie zwingend zum Suizid. Wir besitzen also keine analogen Strukturen, die uns das Verständnis erleichtern könnten. Ich sage nicht, dass sie nicht möglich sind, dass sie nicht erscheinen werden, doch gebe ich zu, dass ich nicht in der Lage bin, sie zu erfassen. So stammen unsere angeblichen Erkenntnisse oft aus dem Gebiet der unehrlichen Propaganda gegen Muslime.

Wir erfahren diese Realität nicht; wir haben keinen intimen, geistigen, phänomenologischen Kontakt zu ihr. Terrorismus ist eine höhere Form von Gewalt, und er macht geltend, dass er siegreich sein wird. Es gibt noch einiges zu tun, um den Koran von seinen karikativen Verzerrungen zu befreien. Doch für den Fall, dass dies gelingen sollte, existieren keine Anzeichen, dass es irgendeinen Einfluss auf den Terrorismus selbst haben wird, der sowohl mit dem Islam verbunden als von ihm verschieden ist. Wir können die vorsichtige These aufstellen, dass die Eskalation in Extreme sich jetzt des Islam bedient, wie sie sich einst des Napoleonismus und des Pangermanismus bedient hat. Terrorismus ist deshalb so furchterregend, weil er weiß, wie man die tödlichste Technologie außerhalb jedweder militärischen Institution nutzt. Clausewitz' Theorie vom Kriege liefert eine Analogie, die nur unvollkommen das Wesen des Terrorismus erfasst, aber ihn doch in einigem vorherahnt.

In meinem 1972 erschienenen Buch[13] borgte ich mir aus den Koran den Gedanken, dass der Sperrbock, der Isaak davor bewahrte, geopfert zu werden, der gleiche war, der zu Abel gesandt wurde, damit er seinen Bruder nicht töten musste: ein Beweis, dass im Koran das Sakrifiz ebenfalls als ein Mittel gedeutet wird, Gewalt zu bekämpfen. Hieraus können wir schließen, dass der Koran ein Verständnis von Dingen bereithält, das säkulare Mentalität nicht ergründen kann wie etwa, dass das Sakrifiz der Rache entgegenwirkt. Doch ist die Idee aus dem Islam verschwunden, wie sie auch aus dem westlichen Denken verschwunden ist. Die Paradoxie, mit der wir uns beschäftigen müssen, besteht darin, dass der Islam uns Heutigen näher ist als der Welt des Homer. Clausewitz hat uns ermöglicht, einen Blick auf diesen Sachverhalt mit Hilfe dessen zu werfen, was wir seine kriegerische Religion genannt haben, in der wir das Auftreten von etwas erkannten, das gleichzeitig sehr neu ist und sehr primitiv. Der Islamismus ist dementsprechend ein der Entwicklung der Technologie inhärenter Vorgang. Wir müssen den Islamismus und die Eskalation in Extreme gleichzeitig bedenken: Wir müssen die komplexen Beziehungen zwischen diesen beiden Realitäten begreifen.

Die Einigkeit des Christentums im Mittelalter führte zu den Kreuzzügen, die den Segen der Päpste hatten. Und doch besaßen die Kreuzzüge nicht die Wichtigkeit, die der Islam ihnen zumisst. Die Kreuzzüge waren eine archaische Regression ohne Konsequenzen für die Substanz des Christentums. Christus starb überall und für alle. Die Juden und die Christen als Verfälscher hinzustellen ist ein noch irreparablerer Fehler. Er ermöglicht den Muslimen, jegliche seriöse Diskussion beiseitezuwischen, jeden Vergleich zwischen den drei Religionen. Dies führt so weit, dass sie nicht einmal wissen wollen, worum es in der prophetischen Tradition eigentlich geht. Warum war die christliche Offenbarung jahrhundertelang das Angriffsziel feindseligster und blindwütigster Kritik, aber nicht der Islam? Hier dankt die Vernunft ab. In mancherlei Hinsicht ähnelt dies der Aporie des Pazifismus, der erheblich Aggression ermutigen kann. Der Koran würde profitieren, wenn man ihn genauso analysierte, wie man die jüdischen und christlichen Texte analysiert hat. Meiner Meinung nach würde ein komparativer Zugriff zu dem Ergebnis kommen, dass dem Koran nicht bewusst ist, was kollektiver Mord bedeutet.

Im Gegensatz dazu existiert ein christliches Bewusstsein von dieser Art Mord. Die beiden größten Konversionen, die des Petrus und die des Paulus, ähneln einander: Sie werden in der Bewusstheit vollzogen, Zeugen eines Kollektivmordes gewesen zu sein. Paulus war dabei, als Stephanus zu Tode gesteinigt wurde. Sein Weggang nach Damaskus folgte unmittelbar im Anschluss an diesen Mord, der ihn furchtbar erschüttert haben musste. Die Christen meinten und meinen, dass durch die Passion Kollektivmord nicht mehr möglich sei. Daher hat die Passion die Gewalt keineswegs vermindert, sondern im Gegenteil verschlimmert.

Der Islamismus scheint diese Zusammenhänge sehr schnell verstanden zu haben; seine Konsequenz war der Dschihad. Es gibt in der Geschichte Formen der Beschleunigung, die sich selbst perpetuieren. Wir haben den Eindruck, dass der Terrorismus unserer Tage in gewisser Weise der Erbe des Totalitarismus ist, dass Terrorismus und Totalitarismus ähnliche Formen des Denkens und tiefsitzende Gewohnheiten umfassen. Ein Faden, an dem wir diese Kontinuität verfolgen könnten, ist die Konstruktion eines napoleonischen Modells, das uns ein preußischer General geliefert hat.

Das Modell wurde später von Lenin und Mao Tse-tung übernommen (auch bei Al-Qaida findet es sich). Clausewitz' Brillanz liegt darin, dass er unwissentlich ein Gesetz vorwegnahm, das inzwischen weltweite Geltung erlangt hat. Der Kalte Krieg ist vorbei, und nun befinden wir uns in einem heißen; man bedenke nur die Hunderte von Opfern – morgen sind es vielleicht Tausende –, die jeder neue Tag im Nahen Osten bringt.

Der Trend hin zur Apokalypse ist die größte Heldentat der Menschheit. Je wahrscheinlicher die Vollendung dieser Leistung wird, desto weniger reden wir darüber. Ich bin damit an einen zentralen Punkt gelangt, zu einem Bekenntnis, mehr als einer strategischen These, wenn beide nicht doch auf geheimnisvolle Weise miteinander identisch sind, den essentiellen Krieg, den die Wahrheit gegen die Gewalt führt, betreffend. Ich war immer völlig davon überzeugt, dass Gewalt zu einer Form von verdorbener Heiligkeit gehört, die noch verstärkt wurde durch das Handeln Christi, als dieser sich ins Herz des sakrifiziellen Systems platzierte. Satan ist ein anderer Name für die Eskalation in die Extreme. Die Passion hat die archaische Welt radikal verändert. Die satanische Gewalt hat lange gegen diese Heiligkeit agiert, die eine essentielle Transformation der archaischen Religion ist.

Gott hat sich selbst in seinem Sohn offenbart, mit der Wirkung, dass die Religion nun ein für alle Mal etabliert war, was den Verlauf der Geschichte der Menschheit veränderte. Umgekehrt offenbart die Eskalation in die Extreme die Kraft dieser göttlichen Intervention. Die Göttlichkeit ist erschienen, und sie ist verlässlicher als all die Theophanien zuvor, doch will das niemand sehen.

Die Menschheit ist mehr als jemals zuvor die Urheberin ihres eigenen Untergangs, denn sie hat die Fähigkeit erworben, ihre Welt zu zerstören. Vor dem Hintergrund des Christentums ist das nicht nur eine gewöhnliche moralische Verdammung, sondern eine unvermeidliche anthropologische Tatsachenfeststellung. Daher müssen wir unsere schlafenden Gewissen aufwecken. Wer hier beruhigen will, trägt immer dazu bei, dass es zum Schlimmsten kommt.

Gewalt und Religion: Ursache oder Wirkung? (2004)

Die Frage der Beziehung zwischen Gewalt und Religion stößt in unseren Tagen auf beträchtliches und berechtigtes Interesse. Es handelt sich um eine schwierige und komplexe Frage. Wenn wir einfach nur fragen: »Ist diese oder jene Religion gewalttätig oder friedlich?«, ziehen wir nicht in Betracht, dass die Gewalt von uns Menschen ausgeht. Wir alle glauben an solche Zusammenhänge, unabhängig davon, ob wir an Gott glauben oder nicht. Die Frage der religiösen Gewalt ist zuallererst und vornehmlich eine Frage nach dem Menschen, eine soziale und anthropologische und keine unmittelbar religiöse Frage.

Ich werde mich im Folgenden auf die Rolle der Gewalt in archaischen Religionen und in der biblischen Religion konzentrieren. Welche Religionen sollen als archaisch oder primitiv gelten? Meine kurze Antwort lautet: Alle Religionen sind archaisch, die jetzt im Sterben liegen oder bereits tot sind. Die Definition schließt all die kleinen Religionen der schriftlosen Kulturen ein, die vor einem, zwei, drei oder vier Jahrhunderten noch existierten. Sie umfasst auch die Religionen der antiken Welt sowie die prähistorischen Religionen, von denen wir nichts wissen. Wahrscheinlich gab es Religionen schon lange bevor die Cromagnonmenschen ihre Höhlen bemalten, vor 30 000 bis 40 000 Jahren.

Unter modernen Humanisten besteht schon lange die Tradition, Religion als eine Art Narrativ zu interpretieren, das die sie Praktizierenden zu glauben angehalten sind. Im 19. Jahrhundert etwa betrachtete der französische Philosoph Auguste Comte[1] alle Religionen als gescheiterte Versuche, die »Geheimnisse des Universums« zu erklären. Postmoderne Theorien über Religion sehen das nicht wesentlich anders. In den Augen dieser Theoretiker sind Religionen »große Narrative«, die, so behaupten sie, rein fiktional seien, wie sie dies mit fast allen Texten machen.

Den archaischen Religionen sind die Geheimnisse des Universums völlig gleichgültig. Die einzigen Narrative, die sie haben, sind nicht »groß«, sondern klein, nämlich strikt beschränkt auf das lokale Werden der Kulte, zu denen sie gehören. Für die darwinistischen Biologen und die Soziobiologen legt die These, dass die Religion wahrscheinlich so alt ist wie die Menschheit selbst, den Schluss nahe, dass sie eine vitalere Funktion gehabt haben muss als unsere eitle Neugierde den Rätseln des Universums gegenüber. Wäre das nicht der Fall, wäre sie längst verschwunden.

Meiner Meinung nach ist die Beziehung zwischen Gewalt und Religion so verwickelt, dass man sie lieber nicht erwähnen sollte, wenn man das Problem nicht in seiner Gesamtheit betrachtet. Im Folgenden werde ich meine Sichtweise des Themas zusammenfassen. Damit mir dies in dem begrenzten Rahmen eines Essays gelingt, muss ich allerdings die Ergebnisse meiner Beobachtungen so sehr straffen, dass einzelne Punkte vielleicht willkürlich zu sein scheinen.

Intraspezifische Gewalt existiert schon unter Tieren, namentlich bei sexuellen Rivalitäten, doch bleibt sie dort moderat. Der Sieger verschont den Unterlegenen; dies gibt ein Bild davon, wie die Beziehungen zwischen Tieren im Wesentlichen geregelt sind. Dort herrschen Beziehungen der *Dominanz*. Die Menschen sind insofern gewalttätiger, als sie sich oft gegenseitig töten. Die Ursache hierfür schieben wir einer Eigenschaft zu, die wir *Aggression* oder *Aggressivität* nennen. Das Problem an dieser Begriffszuweisung ist ihre Einseitigkeit. Sie teilt, selber aggressiv, die Menschheit in Angreifer und Angegriffene ein, und wir rechnen uns der letzteren Kategorie zu. Die meisten Konflikte unter Menschen sind aber zweiseitig, reziprok.

Wir sind eher *kompetitiv* als aggressiv. Wir teilen bestimmte Begehrnisse mit den Tieren, doch über diese hinaus haben wir eine problematischere Sehnsucht, der jedes instinktive Objekt fehlt: *Begehren*. Wir wissen buchstäblich nicht, was wir begehren sollen, und um dies herauszufinden, beobachten wir die Leute, die wir bewundern: wir *imitieren* ihre Begehren. Gleichermaßen als Modell wie auch als Imitator desselben Verlangens begehren wir unausweichlich dasselbe Objekt, und so werden die beiden unvermeidlich Rivalen. Ihre rivalisierenden Verlangen fachen einander buchstäblich an: Der Imitator wird das Modell seines Modells und das Modell der Imitator seines Imitators. Anders als im Tierbereich können diese *imitativen* oder *mimetischen* Rivalitäten so intensiv und ansteckend werden, dass sie nicht nur zu Mord führen, sondern auch, eben mimetisch, auf ganze Gemeinschaften übergreifen. Sie hätten unsere Spezies wahrscheinlich vernichtet, wenn ihnen nicht irgendetwas in den Weg getreten wäre. Was war dieses Irgendetwas?

Die Gründungsmythen der archaischen Religionen schlagen eine Antwort vor. Sie beschreiben die Geburt der Religion, zu der sie gehören. Sie beginnen alle mit einer mimetischen Krise und schließen mit der gleichen Art Drama: Ein einzelnes Opfer wird von der gesamten Gemeinschaft getötet und dann am Ende vergöttlicht. Im Ödipus-Mythos etwa glauben die Bürger von Theben fest daran, dass jener Held nicht nur seinen Vater getötet und seine Mutter geheiratet, sondern auch eine Pestepidemie über die Stadt gebracht hat. Deshalb, so glauben sie, verdient er zweifellos, bestraft zu werden. Mythen präsentieren ihre Einzelopfer als schuldig und die Mobs, die das Töten übernehmen, als unschuldig.

Verwerfung des Realismus im 20. Jahrhundert

Wie ich schon bemerkt habe, war es während des 20. Jahrhunderts lange Zeit in Mode zu glauben, dass Mythen und andere religiöse Texte rein fiktional seien. Alle religiösen Texte sind imaginär, vermeinte man, und die Unterschiede zwischen ihnen resultieren aus der privaten Imagination weniger Autor-Individuen und haben keine anthropologische und keine soziale Bedeutsamkeit. Ich hingegen glaube, dass alle prägenden Merkmale in den Texten der archaischen Mythen energisch gegen die Fiktionstheorie sprechen. Um einen Anfang zu machen: Es gibt nichts Poetisches oder Spielerisches in diesen Texten. Sie klingen vielmehr nach Echos einer Mob-Gewalt, die von den Mobs selbst berichtet wird. Vier Folgerungen stützen aus meiner Sicht diese Hypothese:

1. In vielen Mythen zeigt sich ein Kollektiv voller Angst und Schrecken vor dem, der ihr Opfer sein wird, nur darauf bedacht, sich vor jenem furchtbaren Ungeheuer zu schützen. Tatsächlich aber befindet sich das Opfer in der Situation des verfolgten Erzählers, wie wir ihn aus den biblischen Psalmen kennen, umringt von bedrohlichen Massen und völlig hilflos. Am Ende stirbt das Opfer immer, und das Kollektiv bleibt unverletzt.
2. Viele der Verbrechen, die einzelnen Opfern in den Mythen zugeschrieben werden, tauchen in diesen stereotyp immer wieder auf, etwa Vergewaltigung, Kindermord, bestialisches Verhalten und dergleichen. Der Vatermord und der Inzest des Ödipus gehören in diese Reihe. Freud meinte, diese Problematik ein für alle Mal durchschaut zu haben, doch sind bei tobenden Mobs die alten Beschuldigungen weit entfernt von dieser Einsicht unverändert im Schwang. Höchst aufschlussreich auch die Beschuldigungen, die den Bereich der Magie

betreffen: der böse Blick, eine vermutete Kraft, Menschen durch bloßes Anschauen zu töten. Dies sind opportunistische Anschuldigungen, die routinemäßig von Mobs vorgebracht werden, um die Tötung derer zu rechtfertigen, die sie gerade Lust haben umzubringen.

3. Ein weiterer höchst aufschlussreicher Umstand ist die physische Beeinträchtigung vieler Opfer: Einige hinken; andere haben nur ein Auge, haben einen Buckel oder sind verkrüppelt. An diesen Handicaps zeigt sich, wie Mobs tatsächlich ihre Opfer aussuchen. Die Beutegreifer der Tierwelt bevorzugen eindeutig abnormale Lebensgenossen, weil sie diese leichter aufspüren und fangen können. Etwas Ähnliches vollzieht sich anscheinend in der Welt der Menschen; ›beschädigte‹ Individuen ziehen in besonderem Maße die Aufmerksamkeit auf sich.
4. Ein weiteres vielsagendes Zeichen liegt meiner Meinung nach darin, wenn ein Kollektiv eine große Zahl mythischer Helden als ›fremd‹ definiert. In isolierten und unwissenden Gemeinschaften beunruhigen kulturelle Differenzen. Ein Fremder, der eine solche Gemeinschaft besucht, bekommt leicht Panik und muss Angriffe nur deshalb befürchten, weil seine Rede- und Handlungsweise geringfügig von den vor Ort gültigen Standards abweicht.

Ich behaupte nicht, dass Mythen akkurate Wiedergaben der Mob-Phänomene seien, sondern, dass die Phänomene real, die Wiedergaben aber systematisch unangemessen sind, immer auf eine Weise verzerrt, wie man sie nicht anders erwartet von einem Haufen reueloser Killer, die über ihre eigenen Aktionen berichten. Das ist der Grund dafür, warum die Opfer in solchen Berichten stets als schuldig beschrieben werden, während die Mobs den Berichten zufolge niemals den kleinsten Fehler machen. Sie töten stets jemanden, den sie nach bestem

Wissen und Gewissen für einen Übeltäter halten. Die Mythen behaupten ja, dass die Entdeckung wirklicher Verbrecher Ruhe und Stabilität in die archaischen Gemeinschaften gebracht habe; tatsächlich tat dies jedoch die Illusion einer solchen Entdeckung. Die Gemeinschaften übertrugen mimetisch all ihre Feindseligkeiten auf ein einzelnes Opfer und fanden auf der Basis der sich daraus ergebenden Illusion zusammen. Wie kann dieselbe Imitation, dieselbe mimetische Ansteckung, die zuvor mimetische Rivalitäten und daher eine gewalttätige Desintegration der Gemeinschaft bewirkt hatte, sich plötzlich in eine Kraft der Reintegration, des Zusammenfindens der Gemeinschaft wandeln?

Wenn mimetische Rivalitäten sich während mimetischer Krisen intensivieren, beseitigen sie nach und nach alle kulturellen Unterschiede und verwandeln die bestorganisierten Gemeinschaften in undifferenzierte Mobs. Von einer gewissen Intensität an sind die Objekte des Verlangens verbraucht, zerstört oder vergessen. Der mimetische Wahn richtet sich konsequent wieder auf die Antagonisten selbst. Die gleichen Leute, die kurz zuvor noch nicht aufhören konnten zu kämpfen, weil sie den gleichen Verlangen folgten, teilen nun die gleichen Antagonisten und den gleichen Hass. Paradoxerweise ist dann, wenn gegenseitige Liebe fehlt, gemeinsamer Hass die einzige Empfindung, die Menschen wieder zusammenbringen kann.

Die ansteckende *Mimesis* spitzt sich gegen immer weniger Antagonisten zu, bis endlich – aus den Gründen, die ich oben erwähnte, oder auch aus gar keinen Gründen – die Masse sich nur noch gegen ein einziges Individuum wendet. Nun hat niemand in der Gemeinschaft mehr einen Feind außer jener gemeinsamen Zielperson, und sobald die zerschlagen ist, endet zwangsläufig die Gewalt. Der Begriff für diesen scheinbar seltsamen Vorgang lautete bei den Griechen *katharsis*, was ›Reinigung‹, ›Säuberung‹ von aller Gewalt in der Gemeinschaft bezeichnet. Die einmütige mimetische Ansteckung transformiert die unheilvolle Gewalt *aller gegen alle* in die heilsame Gewalt *aller gegen einen.* Die Gemeinschaft ist wieder zusammengeführt auf Kosten nur eines Opfers.

Religiöses Opfern

Wenn sich archaische Gemeinschaften dergestalt wieder versöhnt hatten, war ihnen, als hätten sie ein Wunder erlebt, und sie fühlten selbstverständlich große Erleichterung, aber nicht für lange. Die Menschennatur hatte sich ja nicht geändert, und so mussten die mimetischen Rivalitäten früher oder später wieder auftauchen. Die erschrockene Gemeinschaft versuchte, diese Rivalitäten durch ein System von Sicherheitssperren einzuhegen, das die Leute, die sich höchstwahrscheinlich gleich erneut in Konflikte stürzen würden, auseinanderhielt. Sie versuchten außerdem, die Verteilung der potentiell höchst spaltungsträchtigen ›Waren‹ zu regeln, besonders der Frauen.

Immer wieder versagten diese Sicherheitssperren, so scheint es, und wenn das geschah, erinnerten sich die verstörten Gemeinschaften daran, dass ihre vorige mimetische Krise durch die Tötung eines Opfers beendet worden war. Sie fragten sich also nun, ob die Tötung weiterer Opfer ihnen nicht ein neues Wunder einbringen würde. Das Ergebnis war die Erfindung der wichtigsten religiösen Einrichtung der Menschheit: rituelles Opfern (rituelles Sakrifiz). Alle archaischen Kulturen opfern feierlich Menschen in der Hoffnung, mimetische Konflikte abzuwenden.

In vielen archaischen Kulturen, namentlich in Afrika, begannen die bedeutsamen Rituale mit einem gezielten und kontrollierten Bruch der Gemeinschaft: Die verschiedenen Teilgruppen verhöhnten und beschimpften einander; es kam sogar zu

Schlägereien. Der Gedanke hinter diesen ›Scheinkrisen‹, wie die Anthropologen sie nennen, war, den Erfolg des rituellen Sakrifizes durch eine exakte Reproduktion des originalen Geschehens zu sichern, durch eine verkürze Version der mimetischen Rivalitäten. Ziel war, den Mechanismus der Viktimisierung auszulösen, und es half wohl auch die ›Scheinkrise‹.

Lassen Sie mich meine ›mimetische Theorie‹ der Religion und der Kultur zusammenfassen: Als die künftigen Menschen zu mimetisch wurden, um weiter so leben zu können, wie die Tiere es tun, brachen ihre Dominanzmuster zusammen, und die daraus resultierende Krise setzte die mimetischen Viktimisierungsmechanismen in Gang, um die herum die ersten Systeme von Sicherheitssperren mit den sakrifiziellen Riten verschmolzen. Hieraus wurden die ersten Religionen und die Anfangsform der menschlichen Kultur. Religion befähigte den Menschen, seine mimetische Kraft ins Positive zu wenden, die eben nicht nur Gewalt ist, sondern auch unsere große Begabung zum Lernen und unsere überlegene Intelligenz bedingt.

Wenn meine Analyse fundiert ist, dann sind oder besser waren die archaischen Religionen keineswegs die Ursache unserer Gewalt, sondern erstens eine Folge dieser Gewalt und zweitens unser wichtigster Schutz gegen sie. Während des längsten Teils unserer Historie und wohl auch Prähistorie befähigten sie die menschlichen Gemeinschaften, ihre eigene Gewalt zu überleben. Archaische Religionen sind im Wesentlichen Kombinationen aus Prohibitionen und Sakrifizien. Prohibitionen verboten die Gewalt direkt, doch versagten sie oft, und wenn dies der Fall war, aktivierten die archaischen Gemeinschaften ihre zweite Verteidigungslinie, das Sakrifiz. Das Paradox der archaischen Religion besteht darin, dass sie, um Gewalt entgegenzuwirken, sich darauf verlegten, Gewalt zu ersetzen. Jean-Pierre Dupuy[2] hat einmal bemerkt, dass das Sakrifiz, allgemein gesprochen, sowohl der Gewalt *stand*hält, wie eine Armee dem angreifenden Feind, als auch Gewalt *ent*hält, weil sie ihm innewohnt. Hier werde die Gewalt zur Hauptressource beim Kampf gegen die Gewalt selbst gemacht.

Während des größeren Teils der Menschheitsgeschichte schuf der Einzelopfer-Mechanismus zweifellos viele Religionen, die effizient operierten, weil ihre Anhänger sich dieses Entstehungsprinzips nie bewusst wurden. Man verführte sie, zu glauben, dass ihre Götter, nicht aber die Gemeinschaft selbst durch Opfer besänftigt werden müssten. Es war der eigene Zorn der Gemeinschaft, der ihr Überleben bedrohte, doch bemerkte dies niemand. Der Viktimisierungsmechanismus, der die archaischen Religionen hervorbrachte, war so einmütig, dass das erst dämonisierte, dann vergöttlichte Opfer sowohl für die mimetische Krise als auch für deren glückliche Beendigung verantwortlich zu sein schien. Die sich dem Geist des Mobs ergaben, sahen ihre Einmütigkeit nicht als die mimetische Ansteckung, die sie in Wirklichkeit war, sondern als sicheren Beweis für die Richtigkeit ihrer Interpretation des Einzelopfer-Dramas.

Innerbiblische ›Unterschiede‹

Die hebräische Bibel und die christlichen Evangelien sind die einzigen religiösen Texte, die eine Umkehr dieses mythischen Schemas enthalten. Die Mobs in den jüdischen und christlichen Schriften denken und verhalten sich genauso wie die Mobs in den archaischen Mythen. Der Unterschied liegt nicht in den Ereignissen, sondern in deren Interpretation. In den Mythen haben die Opfer die Verbrechen, derer ihre Verfolger sie bezichtigen, wirklich begangen. In den jüdischen und christlichen Schriften werden die Mobs beschuldigt, unschuldige Opfer zu verfolgen.

In den prophetischen Texten der hebräischen Bibel wird die Sichtweise des Mobs missbilligt und umgekehrt. Josephs Brüder werden durch ihr Verhalten ihm gegenüber zu einer Art hässlichem Mob. Hiobs gesamte Gemeinschaft handelt mit der Solidarität eines Mobs. In zahlreichen Psalmen muss der jeweilige Erzähler hilflos erleben, wie Mobs ihn umringen, anscheinend, weil sie ihn töten wollen. Viele Propheten wurden von feindlichen Mobs verfolgt oder gar getötet. Das spektakulärste Beispiel ist die Ermordung des Leidenden Gottesknechts (Jes 52 f.), den die Evangelien mit Jesus vergleichen. Die prophetische Literatur ist ein langer Marsch weg von diesem gewaltsamen Sozialphänomen, das in den menschlichen Kulturen vor und selbst noch nach der Einführung von Rechtssystemen eine enorme Rolle gespielt zu haben scheint.

Die Evangelien weisen den gleichen Gesamtablauf der Ereignisse auf wie die Mythen. Wieder steht am Anfang die große Krise des kleinen jüdischen Staates unter römischer Besatzung, und das Ganze gipfelt im Drama um ein Einzelopfer, hier Jesus, der kollektiv getötet und später von den Christen vergöttlicht wird. Doch der Unterschied liegt darin, dass die Evangelien die Beurteilung der Menge umkehren: Das Opfer ist unschuldig, der Mob ist schuldig. Besonders bemerkenswert ist an den Evangelien, wie die beiden Sichtweisen – die des Mobs und die des Opfers – nebeneinander vorgeführt werden. Fast alle in der Menge glauben dasselbe wie der lokale Mob. Andersdenkende gibt es nur sehr wenige, doch so gewagt ihre Sichtweise auch anfangs erscheinen mag: Am Ende triumphiert sie, und zwar meines Erachtens im Wesentlichen aus einem Grund: Sie ist zufälligerweise wahr.

Ich verwende das Wort ›Wahrheit‹ hier in einem anthropologischen und sozialen, nicht in einem religiösen Kontext. Alle rationalen Menschen dürften zweifellos der Meinung zustimmen, dass Mobs als Urteiler über Richtig und Falsch besonders dann notorisch unzuverlässig sind, wenn es um ihre eigenen Opfer geht. Es war nicht, wie die Mythen behaupteten, die Entdeckung eines echten Verbrechers, die diese archaischen Gemeinschaften versöhnte, sondern die Illusion einer solchen Entdeckung. Die Gemeinschaften übertrugen über Mimesis all ihre Feindseligkeiten auf das Einzelopfer und fanden sich auf der Basis der sich daraus ergebenden Illusion versöhnt.

Angenommen aber, dass das Opfer unschuldig ist: Welche Kraft vereint dann immer wieder eine große Gruppe gewaltbereiter Leute gegen ein unbedeutendes Opfer? Die Antwort lautet erneut, diese Kraft sei wiederum Imitation, mimetische Ansteckung.

Während Mythen der mimetischen Ansteckung erliegen, die sich gegen das Einzelopfer richtet, widerstehen die biblischen Deuter ebenjener Ansteckung und rehabilitieren das in Wahrheit unschuldige Opfer. Der biblische Widerstand gegen die mimetische Ansteckung offenbart das wesentlich Trügerische an den archaischen Religionen, den Geist des Mobs, der sie beherrscht. Diese einzigartige Fähigkeit, einmütige Gewalt zu demystifizieren, lässt sich nicht nur auf die konkreten Opfer anwenden, die in diesen Texten erscheinen – Joseph, Hiob, den Leidenden Gottesknecht oder Jesus –, sondern potentiell auf alle ähnlichen Opfer von Phänomenen kollektiver Viktimisierung, wo immer sie auftauchen. Um einen Mythos zu demystifizieren, brauchen wir etwa nur den Bericht von der Kreuzigung unter den Text des Mythos zu legen und dann eines mit dem anderen zu vergleichen.

Die (synoptischen) Evangelien machen offensichtlich, dass alle Zeugen der Kreuzigung sich mimetisch verhalten. Die Leugnung des Petrus ist ein schlagendes Beispiel: Sobald er sich von Jesus gegenüber feindlich gesinnten Leuten umringt sieht, imitiert er deren Feindlichkeit. Seine dreifache Leugnung ist ein mimetisches Phänomen. Zwischen Pilatus und Petrus liegen Welten, doch verhält sich am Ende der Präfekt genau wie der Apostel. Obwohl er Jesus lieber retten würde, gibt er dem Mob nach; er imitiert ihn und befiehlt die Kreuzigung. Das Verhalten der beiden Diebe, die zusammen mit Jesus gekreuzigt werden, liefert ein weiteres, freilich eher karikierenderes Beispiel des Versuchs, eine Menge zu imitieren. Statt mit dem Manne zu sympathisieren, dessen furchtbares Schicksal sie teilen, beschimpfen sie Jesus, damit ebendie Menge imitierend, in einem letzten verzweifelten Versuch, wieder eins mit der Menge zu werden, um ihre eigene Kreuzigung zu ignorieren.

Die moderne Welt erfasst diese biblische Demystifikation nicht, ganz im Gegenteil. Von biblischen Texten wird oft geglaubt, sie seien äquivalent zu Mythen, weil sie Mythen ähneln. Die Ähnlichkeit ist nicht zu bestreiten. Wir haben in all diesen Texten Viktimisierungsmechanismen, doch spricht dies keineswegs für die Gleichheit der religiösen Doktrinen; eine genaue Analyse ermöglicht es vielmehr, außerordentlich bedeutsame Unterschiede zu erkennen. Die Tendenz, all diese Texte als mythisch zu definieren, liegt an der Unfähigkeit der meisten modernen Forscher, die vordergründigen Themen und Motive in größerem Zusammenhang zu sehen und zu erkennen, dass der entscheidende Faktor, der hinter der letztendlichen Textproduktion steckt, in der Alternative besteht, der mimetischen Ansteckung nachzugeben oder ihr zu widerstehen. Ein Text kann das Täuschende des Viktimisierungsprozesses verbergen und so selber täuschen, oder kann dieses Täuschende und mit ihm die Ungerechtigkeit des Mobs und das unverdiente Leiden offenlegen. Den ersteren Weg beschreitet die Mythologie, den letzteren beschreiten die biblischen Texte und unter ihnen besonders explizit die Evangelien.

Das Bild der Welt der Menschen, das die Mythen malen, ist rosiger als das biblische Bild, weil es die verfälschende Perspektive des Verfolgers und nicht die wahrere Perspektive des Opfers einnimmt. Der einzige Philosoph, der bemerkte, dass diese Präferenz für Mythen bedeutet, auf die Seite des Verfolgers zu treten, war Friedrich Nietzsche. Doch trieb ihn diese Erkenntnis ganz und gar nicht dazu an, auf die Seite der Opfer zu wechseln, sondern sie ließ ihn seinen Irrgang zugunsten ungerechter Gewalt noch entschiedener fortsetzen, und so ermutigten seine Schriften zu diesem Thema, zumindest indirekt, zu den schlimmsten Abscheulichkeiten des 20. Jahrhunderts.

Die prophetische Literatur der hebräischen Bibel steht in absolutem Gegensatz zur mythischen und sakrifiziellen Mentalität der archaischen Religion. Viele Aussagen und formelhafte Festlegungen bestätigen diesen Gegensatz. Hosea schreibt Jahwe die folgenden Worte zu: »Denn ich habe Lust an der Liebe und nicht am Opfer« (Hos 6,6). Jesus rät seinen Zuhörern, sich mit ihren Brüdern zu versöhnen, bevor sie am Altar sakrifizielle Opfer darbringen. Mit anderen Worten: Er mahnt sie, nicht mehr auf Sakrifizien zu zählen, wenn es darum geht, mit den Nachbarn klarzukommen. Die Wahrheit um das Sakrifiz, das später in der Kreuzigung offenbart werden sollte, wird auf lange Sicht ein für alle Mal die Effizienz allen Opferns zunichtemachen. Da es nunmehr unmöglich wird, sich der Gewalt durch ein Ritual zu entziehen, wird die Versöhnung Auge-in-Auge das einzige Mittel, die destruktive Entfesselung mimetischer Gewalt zu verhindern.

Die moderne Entwicklung weg von der Gewalt

Die gewaltfreie Seite der biblischen Inspiration findet sich, wenn wir eine langfristige Perspektive einnehmen, in der Entwicklung unserer westlichen Gesellschaften ziemlich unmittelbar wieder. In einigen wichtigen Punkten hat sich unsere geschichtliche Welt seit dem Mittelalter hinbewegt auf immer weniger Gewalt. Unsere Welt hat Leibeigenschaft und Sklaverei abgeschafft. Unser Strafrecht ist humaner geworden, wir haben den sozialen Staus der Frau angehoben, und wir schützen die Kinder und die Alten. Wir haben Dinge erfunden wie öffentliche Krankenhäuser, kostenlose medizinische Versorgung und verschiedene Formen des Schutzes für die Schwachen und die Behinderten. Wie geringfügig diese Linderungen im Lichte unserer Zielvorstellungen auch erscheinen mögen, so sind sie in unserer gesamten Geschichte ohne Beispiel.

Unsere Welt ist sich mehr und mehr des Missstands willkürlicher Viktimisierung bewusst geworden, und unsere sozialen, politischen und rechtlichen Institutionen geben sich mehr und mehr Mühe, ihr entgegenzuwirken. Die Fokussierung auf die Opfer führt in der gegenwärtigen Welt oft dazu, dass hieraus ein Trend entsteht, der für neue mimetische Rivalität sorgt; die Folge sind Verzerrungen, die das Ganze in eine Karikatur verwandeln. Trotz dieser Aspekte des Modisch-Temporären ist Zuwendung zu den Opfern, die seit vielen Jahrhunderten im Werden war, eine bedeutsame historische Entwicklung. Wir klagen uns beständig an, Opfer zu verfolgen – und verfolgt zu haben; ja, unsere Selbstbezichtigung betrifft auch die Vergangenheit unserer Nationen, unsere religiösen und ethnischen Traditionen. Wir schreiben die Geschichte aus dem Blickwinkel der Opfer neu. Wir schaffen es, ich wiederhole, in diese bemerkenswerte Betroffenheit wiederum mimetische Rivalität hineinzubringen, und wir verwenden viel Zeit darauf, einander alte Leichen an die Köpfe zu werfen, was einen erneuten Versuch darstellt, uns auf Kosten unserer Nachbarn zu rechtfertigen. Doch sollten uns diese bedauerlichen Aspekte nicht den Blick auf die umfassendere Bedeutung dieser Phänomene verstellen.

Wohl ist unsere Welt weniger gewalttätig als jede Welt zuvor; doch muss ich Sie vermutlich nicht daran erinnern, dass dies nur ein Aspekt der Welt ist, in der wir leben. Der andere

Aspekt ist das genaue Gegenteil: bestürzend mehr Gewalt und mehr Bedrohung durch Gewalt. Die beiden gegensätzlichen Tendenzen haben sich zweifellos seit einigen Jahrhunderten gleichzeitig nebeneinander entwickelt, und die Kluft zwischen ihnen geht immer weiter auseinander. Unsere Welt rettet mehr Opfer als jede Welt zuvor *und* tötet mehr Opfer als jede Welt zuvor. Das 20. Jahrhundert erlebte nicht nur die größten Kriege der Menschheitsgeschichte, sondern es war auch das Jahrhundert der Todeslager, Genozide und Nuklearwaffen. Und jeden Tag, scheint es, sehen wir uns neuen Bedrohungen gegenüber, etwa der Möglichkeit, dass unsere monströsesten Waffen in die Hände von Terroristen fallen, die bereit sind zu sterben, um möglichst viele Unschuldige zu töten.

Wie können diese beiden Phänomene unsere Welt gleichzeitig charakterisieren? Bedeutet dies nicht insofern ein furchtbares Armutszeugnis für die biblische Tradition, als sie sich als unfähig erwiesen hat, zwischen uns Frieden zu stiften? Stimmt es also, dass selbst die am friedlichsten tönenden Religionen letzten Endes Gewalt bringen? Viele Leute antworten hier mit einem kräftigen ›ja‹, ohne zu berücksichtigen oder auch nur zu ahnen, was wir oben hinsichtlich des Sakrifiz und der sakrifiziellen Werte entdeckt haben, die immer noch unsere Gesellschaft durchsetzen.

Die Gewalt, die bei der biblischen Demystifikation des Opferns langsam herauskam, ist die sakrifizielle Gewalt, mit anderen Worten: eine Gewalt, die sowohl Gewalt ›enthält‹ als auch ihr ›standhält‹. Sie hat lange Zeit die schlimmsten Formen der Gewalt ausgegrenzt und tut dies bis zu einem gewissen Grad immer noch. Wir stehen dauerhaft in der Schuld der sakrifiziellen Gewalt, und wenn wir sie eines Tages in einem Anfall selbstgerechter Empörung beseitigen, könnte eine schlimmere Gewalt entstehen, der wir dann unwissentlich zum Ausbruch verholfen hätten.

Wegen des sakrifiziellen Hintergrunds muss man sich davor hüten, den Einfluss der biblischen und anderer Religionen vom Standpunkt eines schlichten Gegensatzes zwischen Gewalt und Gewaltfreiheit zu bewerten. Die Elimination sakrifizieller Gewalt ist nicht einfach ›gut‹ oder ›schlecht‹; sie ist ein mehrdeutiger und ambivalenter Fortschritt im Kampf gegen die Gewalt, bei dem es Regressionen geben kann, wenn die Menschen, denen jene besondere Art Gewalt Grenzen gesetzt hatte, am Ende dieser Entwicklung wieder gewalttätiger werden. Der Frieden, der bis vor kurzem für uns erreichbar war, beruht oft auf sakrifizieller Gewalt, die hierzulande natürlich nicht mehr in der Form blutigen Opferns präsent ist, sondern in Institutionen wie der Polizei, der amerikanischen Armee, der überlegenen amerikanischen Macht und im Respekt, den Amerika aller Welt gebietet.

Wenn man die Gewalt des Sakrifizes beseitigt oder auch nur aufweicht, dann weicht man unvermeidlich ihre friedensstiftenden Wirkungen ebenso auf wie ihre gewaltsamen Eigenschaften. Die Ablehnung sakrifizieller Gewalt ist sicherlich prinzipiell etwas Gutes; sie ergab sich aus dem gerechten Kampf gegen die Scheinheiligkeit sozialer, religiöser und politischer Institutionen, die sich immer von sakrifiziellen Werten durchzogen zeigten. Doch je mehr uns diese Unternehmung gelingt, desto mehr zerstören wir traditionelle Institutionen und desto mehr schwächen wir die Stabilität der Welt, in der wir leben. Je mehr wir die individuelle Freiheit voranbringen, desto mehr sollten alle Individuen einsehen, dass es nun an ihnen ist, Gewalt mit gewaltfreien Mitteln zu verhindern; wir müssen ohne fremde Hilfe den Widrigkeiten und Störungen entgegenwirken, welche die sakrifiziellen Kulturen durch legale Gewalt verhinderten.

Das Verschwinden sakrifizieller Einschränkungen und religiöser Prohibitionen erleichtert das Freisetzen mimetischer Rivalitäten, das sich in höchster Kreativität niederschlagen kann, etwa beim wissenschaftlichen Wettbewerb, doch eben auch in höchster Destruktivität, wenn es suizidale Formen wie den Terrorismus annimmt, Formen, welche die Wunderwerke moderner Technologie in wahllos zerstörende Waffen umwandeln.

Conclusio

Auch wenn meine Beobachtungen zu skizzenhaft sein sollten, um Sie zu überzeugen, dass die mimetische Theorie über Religion der Durchbruch ist, den ich in ihr sehe, werden Sie mir doch hoffentlich darin zustimmen, wenn ich sage, dass selbst offensichtlich ›unwahre‹ Religionen unseren Respekt verdienen. Archaische Religionen sind nicht einfach nur falsche Erklärungen des Universums. Sie hatten sich immer um die Neugierde müßiger Menschen zu kümmern, wobei es dringlicher war, diese zu betreuen, als sie zu befriedigen. Ihre Aufgabe war immer, den Frieden zu bewahren. Auch wenn sie zu gewaltsamen Mitteln greifen mussten, um ihr Ziel zu erreichen, waren diese Mittel doch nicht wirklich ihre eigene Erfindung, sondern mehr oder weniger vorgefertigt durch den spontanen Verlauf der menschlichen Beziehungen. Wir können diese Religionen nicht als etwas verurteilen, das unserer modernen Menschheit völlig fremd wäre. Auch wenn wir versuchen, es besser zu machen als die alten Religionen, müssen wir einsehen, dass die Aufgabe unendlich schwieriger ist, als man vor etwa einem Jahrhundert dachte. Die Gewalt, die wir liebend gern der Religion zuschieben möchten, ist in Wahrheit unsere eigene, und wir müssen ihr direkt entgegentreten. Religionen zu Sündenböcken für unsere eigene Gewalt zu machen, kann letztendlich nur nach hinten losgehen.

Opfer, Gewalt und Christentum (1997)

Frater D'Arcy hat mit den Ideen zu tun, die ich in meinem Leben entwickelt habe. Als ich zum ersten Mal in die Staaten kam, war das Buch *Die Liebe und das Abendland* (frz. *L'amour et l'Occident*) von Denis de Rougemont dort sehr populär, und Frater D'Arcy hatte ein Buch verfasst, das in Teilen eine Widerlegung des erstgenannten Werkes darstellte. Es war eine wohlbekannte Kontroverse, und man findet in gut sortierten Buchläden heute noch die beiden Bücher nebeneinanderstehend. Sie handeln auch von der Gewalt in der Religion, wobei freilich das Wort ›Gewalt‹ damals noch nicht sehr in Mode war.

Wir stellen uns vor, dass zu allen Zeiten jedermann über Gewalt geredet hätte, da Gewalt ja immer unsere Begleiterin gewesen sei, aber das stimmt nicht. Gewalt ist ein neues Sujet. In der Vergangenheit klagten die Leute etwa über Unsicherheit, Unordnung oder ungeregelte Staaten, aber Gewalt als solche wurde nicht zum Thema. Man kann sogar bezweifeln, ob die alten Sprachen überhaupt ein Wort hatten, das den Begriff ›Gewalt‹ in unserem heutigen Verständnis wiedergibt. Das Problem ›Warum ist so viel Gewalt um uns herum?‹ mag wie eine ewige Frage wirken; tatsächlich ist sie aber eine sehr moderne Frage.

Was ist Gewalt?

Als Franzose glaube ich, dass die Frage faktisch auf Voltaire[1] zurückgeht. Im *Candide*[2] lautet sie: ›Warum gibt es so viel Gewalt auf unserer Welt?‹, und sie begleitet uns seitdem beständig. Voltaires pessimistischer Zynismus lässt ihn eher als Menschen aus dem 20. Jahrhundert erscheinen denn als einen Philosophen des 18. Jahrhunderts. Da wir heute eigentlich nur an die Wissenschaft glauben, versuchen wir, Gewalt wissenschaftlich zu analysieren. So veranstalten wir zahllose Symposien über Gewalt, hauptsächlich darüber, was die meisten Menschen als ›Gewaltakt‹ bezeichnen würden. Die Leute reden über Gewalt, um das Sujet möglichst sorgfältig zu umschreiben, und dies macht es für wissenschaftliche Forschung zugänglich. Sie wollen das kleinste erkennbare Partikel der Gewalt isolieren.

Mit ›Gewaltakten‹ meinen sie Überfälle in großen Städten. Ohne Zweifel ist Gewalt in großen Städten, anonyme Gewalt, die wie ein Blitz zuschlägt, mehr oder weniger willkürlich, heutzutage ein wirkliches Problem. Es ist ein sehr großes Problem, das ich nicht kleinreden will. Doch werden Ihnen alle Kriminologen bestätigen, dass die meiste Gewalt zwischen Leuten auftritt, die sich vorher schon kannten, oft sogar schon sehr lange. Gewalt ist eine Beziehung, doch um sie wissenschaftlich analysieren zu können, versuchen viele, diesen Fakt zu vergessen. Beziehungen sind etwas Vertracktes; sie haben keine klaren Konturen, man weiß nicht, wo sie beginnen, noch wo sie enden, noch wohin sie einen vielleicht führen. Außerdem haben sie eine seltsame Art, sich zu verändern, ohne dass es einem überhaupt bewusst wird; eine gute Beziehung wandelt sich in eine schlechte, ohne dass man es überhaupt bemerkt. Hierin unterscheiden sich Beziehungen zwischen Menschen von Beziehungen zwischen Tieren. Beziehungen zwischen Tieren beginnen normalerweise übel, es kommt sogar zu dem einen oder anderen Kampf, doch dann stabilisieren sie sich, gewöhnlich auf Dauer, wenn auch in ungleicher Rollenverteilung. Es gibt einen dominanten Partner und einen dominierten, und wenn sich dieses Muster erst einmal etabliert hat, bleibt es für alle Zeit bestehen.

Menschliche Beziehungen sind ganz und gar nicht von dieser Art, schon gar nicht in einer demokratischen Welt. Selbst als wir noch Hierarchien hatten, gab es eine gewaltige Menge Reziprozität in den menschlichen Beziehungen. Reziprozität ist eine der fundamentalen anthropologischen Angelegenheiten. Die Reife einer Wissenschaft kann, meine ich, an ihrer Fähigkeit gemessen werden, elementare Fragen zu stellen. ›Was ist Reziprozität?‹ ist eine zu elementare Frage für die Anthropologie auf ihrem derzeitigen Stand.

Reziprozität ist immer gegenwärtig in menschlichen Beziehungen, mögen sie nun gut oder schlecht sein. Wenn ich Ihnen meine Hand entgegenstrecke, werden Sie mir Ihre entgegenstrecken, und wir schütteln einander die Hände. Mit anderen Worten: Sie werden mich imitieren. Wenn Sie Ihre Hand ausstrecken, ich aber meine hinter meinem Rücken halte, werden Sie beleidigt sein und die Ihre ebenfalls hinter Ihrem Rücken platzieren. Mit anderen Worten: Sie imitieren mich immer noch. Obwohl die Beziehung sich drastisch geändert hat, bleibt sie doch reziprok, das heißt imitativ, mimetisch. Rache, Revanche, Vergeltung sind genauso reziprok wie Beziehungen perfekter Liebe.

Diese Reziprozität nun – und hier wird die Sache besonders interessant – hat fundamentale Bedeutung. Meiner Meinung nach sollten wir, wenn wir über Gewalt reden, von der Vorstellung eines bloßen kontextlosen Gewaltakts wegkommen, den es gar nicht gibt. Gute Kriminalisten werden Ihnen bestätigen, dass der Mann, der Sie auf der Straße anfällt und Sie nicht kennt, ein Produkt menschlicher Beziehungen ist, die ihn zur Gewalt brachten, die aus ihm das gewalttätige Individuum gemacht haben, das er in einer bestimmten Phase seines Lebens wahrscheinlich nicht war.

Es gibt noch einen zusätzlichen Grund, aus dem heraus wir versuchen, einen Gewaltakt scharf zu umreißen, und zwar vor allem vom justiziellen Standpunkt aus gesehen. Dieser versucht natürlich, Verantwortlichkeiten festzustellen. Seine Funktion ist es, den öffentlichen Frieden zu sichern, und dafür bedarf er scharf umrissener Leitlinien. Der Übergang von gewalttätigem zu nicht gewalttätigem Verhalten ist absolut grundlegend. Man kann die Justiz nicht dafür tadeln, dass sie so verfährt; anders könnte sie nicht den öffentlichen Frieden erhalten. In der Tat: Wenn die Rechtsprechenden ihre Kriterien gar zu sehr verfeinern, wenn der Problembereich der mildernden oder erschwerenden Umstände zu komplex wird, dann erreicht man die verrückte Welt der heutigen amerikanischen Justiz, wo nichts zu einem Ende kommt, wo es Verfahren gibt, die sich über 25 Jahre hinziehen. Wenn sie effizient funktionieren will, muss die Justiz das Problem der Gewalt simplifizieren.

Wie sich Beziehungen ändern

Wenn wir alle Vereinfachungen verwerfen, müssen wir den seltsamen Fakt berücksichtigen, dass gewalttätige Beziehungen ebenso reziprok sind wie nicht gewalttätige. Und wir durchblicken nicht immer, wie und wann genau der eine Modus in den anderen umschlägt, weil eben immer Reziprozität besteht. Man kann wohl sehr grob beschreiben, was sich vollzieht, wenn eine Beziehung sich zum Schlechten hin wandelt. Das Erste, was sich in den meisten Beziehungen beobachten lässt, ist, dass wir alle zu der Meinung tendieren, die Initiative zu ergreifen sei Sache unserer Partner, nicht unsere eigene.

Wir erhalten eine Botschaft, und sie gibt uns die Möglichkeit, die Temperatur der Beziehung einzuschätzen – vielleicht ist sie heiß, vielleicht ist sie kalt, oder vielleicht ist sie lauwarm. Normalerweise sind wir höflich zueinander, doch wenn wir den Eindruck haben, jemand sei nicht so höflich, wie er sein sollte, erwidern wir die Botschaft mit ein wenig zusätzlicher Emphase. Wir selber meinen nicht, dass wir die Beziehung verändern. Wir wollen unseren Partner nur informieren, dass wir seine oder ihre Botschaft in dem Geiste interpretiert haben, in dem sie ausgesandt wurde. Unser Partner betrachtet das Ganze ziemlich anders, denn er versteht sich als denjenigen, der das Ende der Beziehung präsentiert bekommt, und er wird das, was wir als legitime Retourkutsche ansehen, als Geste einer unprovozierten Feindschaft deuten.

Dementsprechend wird er in den geringfügigen Zuwachs an Sympathie oder Antipathie mehr Bedeutsamkeit hineininterpretieren, als wir es tun, und dann wird er eine Botschaft zurücksenden, der er seinerseits Emphase beimengt. Es bedarf nur weniger solcher Austausche, damit eine Beziehung zu offener Feindschaft eskaliert. Keiner der beiden Partner versteht, warum die Beziehung in die Binsen ging.

Alle menschlichen Beziehungen tendieren zu beträchtlicher Komplexität und Anfälligkeit. Deshalb verderben sie womöglich sehr schnell, und keiner der Beteiligten empfindet sich als verantwortlich für den Verfall. Man wird nie jemanden finden, der sagt: »Ja, ich habe diesen Menschen provoziert«, und wenn doch, dann nur nach einem sehr schwierigen Schwenk, einer Konversion. Vielleicht sagt der eine oder andere »Ja, ich habe falsch gehandelt«, »Ja, ich war ein Verfolger«. Es geschah beim heiligen Petrus nach seinen Verleugnungen,[3] es geschah bei Paulus auf seinem Weg nach Damaskus,[4] doch bei den meisten von uns geschieht es nicht. Die meisten von uns fühlen sich völlig unschuldig in unseren Beziehungen; und wenn wir doch einmal glauben, einem anderen gegenüber nicht achtsam genug gewesen zu sein, versuchen wir, die Situation zu korrigieren, doch für gewöhnlich zu spät. Aus diesem Grunde sind wir alle involviert.

Wenn wir beginnen, die Dinge auf diese Weise zu betrachten, werden wir erkennen, dass menschliche Beziehungen eine Geschichte haben. Alle menschlichen Beziehungen sind in dem Sinne geschichtlich, dass sie nicht ewig gleich bleiben können. Sie entwickeln sich immer in die eine oder in die andere Richtung. Und es ist immer leichter, sie sich in die falsche entwickeln zu lassen, denn wenn sie sich in die bessere Richtung entwickeln sollen, müssen wir unseren Stolz hinunterschlucken, anstatt Vergeltung zu üben.

Beziehungen des Verlangens, etwa bei Shakespeare

Die Frage lautet: Warum sind die menschlichen Beziehungen so reziprok? Um dies zu verstehen, müssen wir uns mit den Beziehungen des Verlangens beschäftigen. Wir würden die Beziehungen des Verlangens nie als reziprok verstehen, doch haben einige große Autoren genau das getan, besonders Shakespeare. In seinen Texten sind, meine ich, die Beziehungen von Beginn an reziprok, und die frühesten Stücke sind in dieser Hinsicht besonders erhellend. Der Grund hierfür liegt meiner Meinung nach darin, dass der Autor kurz zuvor die Paradoxien imitativen und mimetischen Verlangens entdeckt hat und er es genießt, sie bloßzulegen.

Nehmen Sie etwa *Die beiden Veroneser*. Da wurden zwei Edelleute seit Kindheitszeiten gemeinsam erzogen. Sie schätzen die gleichen Dinge, sie mögen die gleichen Bücher, sie mögen die gleichen Speisen, sie mögen die gleichen Leute, und sie sind sich sehr genau dessen bewusst, dass Imitation das Grundprinzip ihrer Freundschaft ist. Wenn sie anfangen, unterschiedliche Dinge zu mögen, empfinden sie, dass etwas mit ihrer

Freundschaft nicht stimmt. Also werden sie ihr Bestes tun, wieder auf die Gleichheitsspur zurückzugelangen. Dann verliebt sich eines schönen Tages einer der beiden in ein Mädchen, und natürlich folgt das Geschehen dem Prinzip der Imitation, und der andere Freund verliebt sich sofort in dasselbe Mädchen.

Das Prinzip der Freundschaft hat sich plötzlich in ein Prinzip der Feindschaft gekehrt. An ihrer Beziehung hat sich nichts geändert. Das Einzige, das sich geändert hat, ist das Objekt des Verlangens, von dem sie wissen, dass sie es nicht teilen können. Die beiden Freunde werden zu Feinden, als sie sich in dasselbe Mädchen verlieben, und einer wirft dem anderen vor, die Freundschaft verraten zu haben. Die meisten Kommentatoren, die diese Situation untersuchen, interpretieren sie dahingehend, dass hier eine Freundschaft zerbricht, dass plötzlich eine große Distanz die beiden Freunde trennt. In Wahrheit ist aber ein Mangel an Distanz für das Problem verantwortlich.

Ein und dasselbe Prinzip kann intimste Freundschaft und bitterste Zwietracht auslösen, und die Wende geschieht extrem plötzlich. Shakespeare lenkt beständig unsere Aufmerksamkeit hin zu dem Paradox der menschlichen Beziehungen, und jählings sind wir mit etwas konfrontiert, das wie teuflische Magie wirkt, eine Art Prinzip in den menschlichen Beziehungen, eine Art Prinzip der Feindschaft, das in der Menschheit immer und ausnahmslos gegenwärtig ist.

Wenn wir überlegen, warum so viel Gewalt auf der Welt herrscht, stellen wir diese Frage immer so, als hätten wir mit der Gewalt nichts zu tun, weil wir ja nicht hingehen und auf der Straße Leute ausrauben. Doch wenn Sie einmal über Valentin und Proteus nachzudenken beginnen, die beiden Veroneser Edelleute, dann merken Sie, dass Shakespeare, der nie direkt über Gewalt spricht, das Problem der Gewalt auf einer viel tieferen Ebene ansiedelt, als wir dies jemals tun. Daher stellt sich das Problem der Gewalt uns immer als sehr einfach dar, denn es gibt ja immer einen Verantwortlichen für die Gewalt. Doch im Fall von Valentin und Proteus: Wer ist da verantwortlich?

Wenn es so etwas wie die Erbsünde gibt, dann sollten wir vielleicht in diese Richtung blicken. Hinter alldem muss etwas stecken, das wir nicht als sündhaft betrachten, und etwas, das zu uns allen gehört, weil wir ja einräumen müssen, dass die beiden Freunde gleichermaßen unschuldig sind. Doch können wir auch nicht leugnen, dass beide eine gewisse Verantwortung trifft, denn wer sonst soll die Schuld an der dort angewendeten Gewalt tragen? Können wir sie der Welt zuschieben?

Wir versuchen oft, sie den Eltern zuzuschieben – und dessen ist sich Shakespeare voll und ganz bewusst. Daher borgt er sich Elemente aus einem Genre, das ›Italienische Komödie‹ heißt. Er tut so, als machte er die Eltern verantwortlich; doch ist es klar, dass er selbst nicht daran glaubt. Er weiß genau, dass die jungen Leute für ihr Problem selber verantwortlich sind. Dies macht das Stück sehr paradox. Man geht und sieht sich das Stück nach dem Abendessen an und möchte nicht gern verstört werden, schon gar nicht von einer Komödie, die ja erfreulich enden soll, ohne Blut. Das *happy ending* kommt zustande durch eine Art magischen Zauber, der eingreift, um Blutvergießen zu stoppen, wie Puck im *Sommernachtstraum*[5].

Freundschaft als Urheberin der Entzweiung zwischen Menschen

Doch ist das Problem menschlicher Beziehungen dennoch im gesamten Werk Shakespeares präsent. Und da geht es nicht nur um Liebe und erotische Angelegenheiten. Nehmen wir etwa Antonius und Cleopatra. Shakespeare bietet uns eine Definition durch eine Nebenfigur an. Die Äußerung fällt, bevor Antonius und Octavius Feinde werden, aber dass sie Feinde werden, prophezeit Enobarbus, indem er sagt: »Aber ihr werdet sehen, daß das Band, das ihre Freundschaft zusammenzubinden scheint, genau ihr Einvernehmen erwürgen wird.«[6]

Dieser Satz formuliert ein Problem, das die Psychologen noch nicht geklärt haben. Er hat nichts zu tun mit Freud und nichts zu tun mit Jung. Shakespeare hat ihn relativ spät in seinem Schaffen geschrieben und ist so glücklich, die Formel gefunden zu haben, die das Problem wirklich erfasst, dass er den Satz vier Zeilen weiter unten mit anderen Worten wiederholt: »[D]as, was die Stärke ihres Einvernehmens ist, wird sich als unmittelbarer Urheber ihrer Unstimmigkeit erweisen.«[7]

Wenn ausgerechnet die Stärke unserer Freundschaft den unmittelbaren Verursacher unserer Entzweiung beweisen kann: Was sind wir dann nur für Kreaturen? Wir müssen uns derartige Fragen über uns selbst stellen, weil wir die Tendenz haben, in solche Situationen zu geraten. Wir schaffen es, die ganze Schuld unserem Partner zuzuschieben, und wenn wir von Konflikten reden, sprechen wir von Unterschieden, von Differenzen. Wenn Leute Konflikte haben, sagen wir, sie hätten halt so ihre Differenzen. Wenn zwischen Leuten eine Nicht-Differenz herrscht, liegen die Dinge noch schlimmer. Sie sind gefangen in einem Teufelskreis, indem sie die Wünsche des jeweils anderen imitieren. Also was wird geschehen?

Wenn du das Modell meines Wunsches bist, dann bist du der Freund, den ich bewundere, und ich werde wünschen, was du wünschst. Nun wird sich aber der Freund dem Begehren entgegenstellen und »nein« sagen. Dieses »nein« erschüttert zutiefst und wird unser Verlangen verstärken, anstatt es zu schwächen. Während unsere Begehren wachsen, werden wir uns umso energischer auf das Objekt zubewegen, das wir beide begehren und beide nicht haben können. Deshalb wird bei unserem Modell sowohl die Feindseligkeit als auch das Verlangen anwachsen.

In diesem schlimmen reziproken Spiel wird das Modell der Imitator seines Imitators, und der Imitator wird das Modell seines Modells. Diese Beziehungsergebnisse beruhen auf komplettem Missverständnis. In Wirklichkeit besteht immer mehr Identität zwischen den beiden Figuren, die da kämpfen, derer sie sich freilich nicht bewusst sind.

Sie versuchen, ihren Konflikt aus Verschiedenheiten heraus zu interpretieren, aus Differenzen. In Wahrheit sind sie Rivalen – das Wort ›Rivalen‹ verweist auf Leute, die an beiden Ufern desselben Flusses leben (vgl. frz. *la rive*) und ständig miteinander kämpfen. Die Kämpfe zwischen Nationen sind, wie die Kämpfe zwischen Individuen, Kämpfe um Grenzen; sie sind Kämpfe um dasselbe Objekt. Das Entscheidende an menschlichen Konflikten besteht nicht in Unterschiedlichkeit der Ideologie oder der Meinungen, auch nicht in Überfällen auf der Straße, sondern in Rivalität. Wir sind in der modernen Welt dauerhaft mit Rivalität konfrontiert. Wir stehen im Wettbewerb. Es ist sehr schwierig, mit jemandem eine Freundschaft aufrechtzuerhalten, mit dem man im Wettbewerb steht. Wenn man nicht gerade eine innerlich besonders starke Person ist, wird man seine Beziehung niemals erfassen, wenn man nur Unterschiede sieht. Man wird niemals Identität erkennen.

Unsere Rivalität wächst, weil wir beide dazu beitragen, sie intensiver zu machen. Wenn ich das betreffende Objekt als begehrenswerter einschätze als zuvor, werden Sie es auch als begehrenswerter einschätzen. Wirklich wahr, die moderne Welt hat diesen Mechanismus zum Funktionsmittel der Hauptstütze ihres ökonomischen Systems gemacht, nämlich des Aktienmarktes. Auf dem Aktienmarkt kaufen wir Aktien, weil andere sie kaufen, und wir kaufen sie, wie alle sie kaufen; wenn dies ins Extreme geht, entsteht das, was man eine Spekulationsblase nennt.

Natürlich wusste Shakespeare das schon. In *Wie es Euch ge-*

fällt regt sich Rosalinde über ein Paar auf, innerhalb dessen das Mädchen die Abweisende spielt, weil sie ihren Wert steigern will, indem sie ihren Verehrer zurückstößt. Rosalinde rät ihr: »Verkauft Euch bald, Ihr seid nicht jedes Kauf.«[8] Man könnte meinen, dies hätte Lord Keynes[9] geschrieben, nicht Shakespeare, doch bereits dieser verstand die Parallelität zwischen amourösen und ökonomischen Spielen. Man kann Kapital mit mimetischer Rivalität erzeugen, solange man sich nicht gegenseitig umbringt, solange sie eine Art ökonomisches Spiel bleibt, das bis zu einem bestimmten Punkt produktiv sein, das aber auch sehr destruktiv werden kann – psychisch, physisch, eigentlich in jeder Hinsicht.

Mit anderen Worten: In unserer Welt ist dank ihrer Ambivalenz Rivalität ein großes Problem. Tocqueville[10] verstand dies genau, als er Amerika besuchte. Er erkannte das demokratische System, das, wie Sie wissen, das schlechteste aller Systeme ist – bis auf alle anderen –, und das demokratische System ist das System, das es für sicherer hält, Rivalität bis zu einem bestimmten Punkt zuzulassen; anders gesagt: ein System, in dem die Leute wissen, wann sie mit der Konkurrenz aufhören müssen und in dem sie sich gewöhnlich nicht gegenseitig umbringen. Rivalität kann unglaublich produktiv werden, nicht nur in der Wirtschaft, sondern auch in der Wissenschaft, in der Kunst, überhaupt auf allen Gebieten – solange sie nicht zu weit geht.

Ein ansteckendes Feuer

Mimetische Rivalität jagt uns Schrecken ein, weil sie ein ansteckendes Feuer ist, das immer heftiger wird, je länger es brennt. Wenn Sie einmal auf die Mythologie schauen, werden Sie erkennen, dass ihre Geschichten gewöhnlich mit einer Eskalation von Gewalt und einer großen Krise beginnen. Meine eigene Interpretation ist, dass am Anfang eines Mythos tatsächlich eine mimetische Krise steht, wie ich sie beschreibe, doch dass sie in einer archaischen Gemeinschaft auf die gesamte Gemeinschaft übergreift. Wenn solche Krisen mimetisch ansteckend sind, wenn sie dazu neigen, sich unendlich zu verbreiten und mehr und mehr Gewalt aufzubauen, dann lautet die Frage über unsere Welt nicht wirklich, warum so viel, sondern warum so wenig Gewalt auf ihr herrscht. Warum gehen wir einander nicht ständig an die Gurgel? Das ist die politische Frage par excellence.

Der Erste, der diese Frage aufwarf, war ein weiterer englischer Denker, nämlich Thomas Hobbes. Er sagte, dass, wenn zwei Leute dasselbe begehren, aber nicht beide es haben können, sie zu Feinden werden; und dies ist dann der Beginn dessen, was Hobbes den ›Krieg aller gegen alle‹ nennt. Meiner Meinung nach kommt Hobbes der Mythologie, den Anfängen menschlicher Gemeinschaften, jedenfalls etwas sehr Wichtigem sehr nahe. Doch abgesehen davon, wird er der Frage nicht gerecht.

Er wird der Frage nicht gerecht, weil, indem er vom Krieg aller gegen alle spricht, der allgemeine Wolf zur allgemeinen Beute wird, wie es bei Shakespeare heißt. Hobbes sagt, dass der Augenblick kommt, da die Menschen über ihre Situation nachdenken, und dann handeln sie vernünftig (sie sind Engländer, nehme ich an), und so unterzeichnen sie einen Gesellschaftsvertrag[11]. Das Verwunderliche an ihnen besteht darin, dass Leute Sozialkontrakte unterzeichnen und ihr Schicksal einem Tyrannen anvertrauen müssen, damit sie untereinander Frieden haben. Ihr braucht einen Herrn über euch, sagt Hobbes, und diesen Herrn wählen die Menschen aus ihren eigenen Reihen, und zwar freundlich und einvernehmlich. Um ihren Hader zu beenden, müssen sie sich zusammentun und sich eine Regierung schaffen. Doch tun sie genau das in dem Moment, wenn sie eigentlich gar nicht fähig sind, es zu tun, wenn die Krise am intensivsten wütet, wenn die Gewalt sich ins Extreme steigert.

Lange bevor die entsprechenden Waffen entwickelt wurden, spricht Hobbes schon von dem, was die Theoretiker der atomaren Macht ›wechselseitig zugesicherte Zerstörung‹ nennen. Hobbes' Frage ist hochrelevant. Während der Kubakrise waren sich die Menschen nicht sicher, ob sie einen Gesellschaftsvertrag hinbekämen, oder ob sie die Apokalypse auslösen würden, die wahrhaft gewaltsame Offenbarung. Sie bekamen einen Gesellschaftsvertrag hin, und diesmal waren es die Russen, welche die andere Wange hinhielten, indem sie ihre Schiffe abzogen. Ich glaube aber nicht, dass in der menschlichen Gesellschaft die Fähigkeit zu frühzeitigem Verzicht auf Gewalt jemals vorherrschend war – es ist eine moderne Situation, in der wir über Gewalt sprechen. Wir sprechen über Gewalt, weil sie uns als ein Skandal erscheint, weil wir wissen, dass sie uns in jedem Augenblick zerstören kann. Heutzutage im globalen Rahmen zu denken bedeutet, nie die Möglichkeit einer Zerstörung unserer Welt zu vergessen.

Bremsmechanismen

Die archaischen Menschen indessen dachten nicht so, und ich glaube nicht, dass sie einen Gesellschaftsvertrag hatten. Meiner Meinung nach war der mimetischen Krise ein Bremsmechanismus eingebaut. Wenn die mimetische Gewalt herrscht, dann kommt es zu einem Punkt, da man die Sache, um die es geht, vergisst und man sich auf den oder die Opponenten konzentriert, und schließlich konvergiert der mimetische Strom auf bestimmte Individuen. Das System tendiert dazu, sich selbst zu vereinfachen, immer weniger Ziele zu haben, gegenüber denen es sich mehr und mehr polarisiert, bis am Ende alle sich gegen einen einzelnen Feind polarisieren, der angeblich für die ganze Krise verantwortlich ist.

Wenn jedermann an seine oder ihre Schuld glaubt, an die Schuld des Opfers, dann wird, sobald dieses Opfer getötet ist, die Gemeinschaft frei von Gewalt sein (wenn auch nur für sehr kurze Zeit), denn die Gewalt wird gleichzeitig mit jenem Individuum sterben, auf das man das ganze Problem projiziert hatte. Ein solches Individuum nennen wir einen Sündenbock. Wir benutzen das Wort ›Sündenbock‹, wenn jemand für alle anderen zahlt. Meiner Meinung nach sind die archaischen Götter Sündenböcke in genau diesem Sinne. Weil sie die Probleme der Gewalt lösen, werden bestimmte Individuen vergöttlicht, denn sie lösen das Problem, das die Gemeinschaft nicht lösen konnte. So werden sie erst für sehr böse gehalten und dann für sehr gut. Das primitive Heilige ist sowohl sehr übel – als auch sehr wohlwollend; man weiß nur nie, wann es vom einen ins andere umschlägt.

Die christliche Erzählung

Legen Sie diese Perspektive zugrunde, haben Sie ein Problem mit dem Christentum. Wenn Sie auf die christliche Geschichte schauen, werden Sie feststellen, dass sie genau das Profil hat, das ich Ihnen eben gab. Zuerst ist da eine Krise, die des kleinen jüdischen Staates, dann eine Polarisierung gegen ein einzelnes Individuum, Jesus. Es folgt die Auferstehung, und Jesus ist bei Gott. Am Ende des 19. Jahrhunderts vermeinten die Anthropologen, sie hätten das wahre Wesen des Christentums entdeckt: Sie sagten, es sei ein Mythos wie andere auch, doch sie erfassten nicht wirklich das Sündenbocksystem. Sie verstanden nicht, dass das Opfer wirklich gegenwärtig, wirklich existent und ein wirklicher Erlöser war – dadurch nämlich, dass die Tötung eines Opfers, dass die Gewalt der gesamten Gemeinschaft das Volk wahrhaft von dieser Gewalt befreit. So kamen sie zu dem Eindruck, die Evangelien seien ein Mythos wie andere auch. Doch es gibt einen beträchtlichen Unterschied, den wir bloß nicht wahrnehmen, weil er unwichtig zu sein scheint.

Schauen wir uns einen Mythos an, etwa den Mythos um Ödipus. Da finden wir jemanden, dem unterstellt wird, die Pest über seine Gemeinschaft gebracht zu haben, weil er seinen Vater getötet und seine Mutter geheiratet hat. Was ist das für eine Beschuldigung? Eine, die offensichtlich mit Magie zu tun hat. Wenn wir den Mythos als mittelalterliches Dokument läsen, würden wir dies unmittelbar erkennen, und wir würden das, was darin steht, nicht glauben, denn wir leben in einer christlichen Welt und würden es im christlichen Sinne interpretieren.

Doch führt uns das Prestige einer klassischen Bildung wie auch immer dazu, den Ödipus-Mythos als eine Art unlösbares Mysterium zu betrachten, und wir spekulieren endlos über Anlagen zu Vatermord und Inzest, die in jedem von uns stecken. Dies deckt sich exakt mit dem Glauben an Vatermord und Inzest, den, wie ich meine, der Freudianismus vertritt. Der Unterschied zu den Evangelien besteht darin, dass diese Sie lehren, dieses Opfer sei fälschlich beschuldigt, dieses Opfer sei das Opfer einer mimetischen Ansteckung, die die Gewalt bezwungen habe.

Mit anderen Worten: Die Evangelien sind ein gescheiterter Mythos. Sie sind ein gescheiterter Mythos, weil hinter ihnen eine Kraft waltet, die den Mythos verwirft, und diese Kraft ist extrem rätselhaft. Die Jünger sind nämlich zu Beginn dringend darauf aus, dass der Sündenbock den Tod findet. Zu Beginn der Passion lassen alle Jünger Jesus im Stich. Sie sind nicht imstande, auch nur eine Stunde auf ihn zu warten, und der Beste unter ihnen, Petrus, verrät Jesus. Dies bedeutet nicht, dass Petrus psychisch besonders schwach wäre; es bezieht sich auf alle Menschen; Menschen in Situationen wie dieser glauben immer an die Schuld des Opfers und vermögen der Zugkraft einer einmütigen Masse nicht zu widerstehen. Die Evangelien sind der einzige Text, der wahrhaft beschreibt, was geschieht, wenn jemand zum Sündenbock wird. Daher führen sie uns zu einer Welt, in der wir lernen, nicht mehr an Sündenbockmacherei zu glauben. Aus diesem Grund können wir heute über sie reden. Ein Mythos ist die Verkörperung der Sündenbockmacherei, ihre Vervollständigung, ihre Perfektion. Er wird geschrieben von einer Masse, die glaubt, dass sie durch den gerettet wurde, den sie zum Opfer bestimmt hat, und nun wird dieses Opfer als primitiver Gott angesehen.

Die Evangelien tun genau das Gegenteil. Jesus sagt: »Ich bin nicht gekommen, Frieden [des Sündenbocks] zu senden, sondern das Schwert.«[12] Im Johannesevangelium heißt es nach jeder Einlassung Jesu: »Sie waren entzweit durch seine Rede.« Weit davon entfernt, die Gemeinschaft zu versöhnen, verbessert Jesus keineswegs die Situation der Welt so, wie der Mythos es tut.

Der Mythos befähigt die Menschen, zusammenzuarbeiten auf der Basis eines Missverständnisses, der ihr Mythos wird, ihr nationaler Mythos. Die Evangelien zerstören diesen Mythos. Weil wir uns dessen so lange nicht bewusst waren, stehen wir heute an einem großen Wendepunkt. Wir sind zum ersten Mal fähig, die dekonstruktive Seite des Christentums zu verstehen und zu begreifen, dass das Christentum durchaus kein Mythos ist, sondern etwas, das uns vom Mythos hinwegbewegt und in eine Welt hineinsetzt, in der wir den Sicherheitsschutz der Sündenbockmacherei nicht mehr haben.

Die Sündenböcke wurden ›Opfer‹ (Sakrifizien) genannt. Was taten die Menschen in der alten Welt, wenn sie ein Problem mit der Gewalt hatten? Die Menschen besaßen einen Mythos, erinnerten sich an Sündenbockmacherei in ihrer Vergangenheit, die sie als göttliche Epiphanie verstanden. So wählten sie in ihrer Gegenwart wiederum ein Opfer, kamen zusammen und töteten dieses Opfer. Sie sagten: »Unser Gott verlangt das von uns, damit wir uns wieder versöhnen können.« Solch ein archaisches Ritual, solch ein sakrifizieller Ritus ist tatsächlich ein Versuch, einen Akt kollektiver Sündenbockmacherei zu wiederholen, ein Versuch, der funktioniert, weil er auf einem Missverständnis beruht.

Nun mag man sagen: »Ist das nicht dasselbe wie die Eucharistie?« Es liegt zweifellos dieselbe Symbolik zugrunde. Die Eucharistie ist jedoch keine mörderische Aktion, und der Priester und das Opfer sind eins, und das Opfer ist sich dessen bewusst, was das Opfer tut. Meiner Meinung nach sollte die Theorie der Erlösung auf der Tatsache fußen, dass Jesus sich bewusst ist, dass er die Sündenbockmacherei, die in der Kultur zuvor unterschwellig vorhanden war, offenlegt, und dass er die Menschheit in eine Welt überleitet, in der diese Sündenbockmacherei immer weniger effektiv wird; bis dies erreicht ist, wird es freilich Jahrhunderte dauern. Doch kommen wir gerade im Moment bereits an einen Punkt, da Sündenbockmacherei ihre Möglichkeiten erschöpft hat. Aus diesem Grund leben wir in einer Welt, in der Gewalt und Sündenbockmacherei geistige Stolpersteine für uns geworden sind.

Wir reden über Gewalt, wir verurteilen unsere christlichen Vorgänger dafür, dass sie zu ihr neigten. Wir verurteilen sie, aber aufgrund welcher Überlegenheit? Meiner Meinung nach verurteilen wir die Vergangenheit immer im Namen eines Wissens, das, auch wenn es uns nicht bewusst ist, letztlich aus der Bibel stammt. Es gibt absolut keine andere Quelle, aus der jenes Wissen stammen könnte, keine andere Philosophie, keine andere Religion. Mit anderen Worten: Die Ähnlichkeit zwischen Christentum und Mythos, um welche die Christen lange Zeit einen Bogen machten, weil sie diese Ähnlichkeit als gefährlich empfanden, als eine Bedrohung für das Christentum, muss erforscht werden. Doch werden die Mythen ja jetzt schon aus der Perspektive des Christentums verstanden.

Nehmen wir den Fall Ödipus. Wenn Sie die Geschichte nicht gemäß dem alten Mythos verstehen – Ödipus tötet Vater und Mutter und wird so schuldig an der Pest –, sondern als ein Passionsspiel, werden Sie erkennen, dass Theben sich launenhafterweise gegen seinen König wendet, weil es ihn leid ist. In der byzantinischen Welt spielte man Sophokles' Stück *König Ödipus* immer noch, doch spielte man es als eine Passion des Ödipus, als die Leidensgeschichte eines unschuldigen Opfers. Vielleicht konnten sie nicht verbalisieren oder konzeptualisieren, was sie da taten, aber instinktiv empfanden sie, dass Ödipus ein Opfer der Menge war, ein Opfer vom gleichen Schlage wie Jesus, kein hässlicher Bock, sondern eine Art Lamm Gottes.

Ein totalitärer Prozess (1987)[1]

Neid und mimetische Rivalitäten gehen ein in das Phänomen des Sündenbock-Mechanismus und werden transformiert in eine positive Religion – natürlich unter der Voraussetzung, dass es keine störenden Rückstände gibt, oder besser: dass die Feindseligkeit gegenüber dem Sündenbock einhellig bleibt.

Gibt es auch nur eine Ausnahme, erhebt sich auch nur eine Stimme, die anders meint als das Unisono gegen das Opfer, gibt es keine Garantie dafür, dass das Ergebnis günstig sein wird. Die Droge verliert ihre Wirkung; die Einheit der Gruppe zerbricht. Wenn der Hass auch nur ansatzweise lauwarm daherkommt, könnte sich Zweifel ausbreiten, der die reinigenden, kathartischen Effekte auf die Moral der Gemeinschaft beeinträchtigt.

Eine Stabilisierung der Gemeinschaft ist identisch mit der Stärkung sozio-religiöser Transzendenz[2]. Doch erfordert solch eine Stärkung einen niemals nachlassenden Sündenbock-Mechanismus, eine vollständig einmütige Überzeugung, dass das Opfer schuldig sei.

Solange derjenige, der in die Rolle des Opfers rückt, lebt, ist er ein Teil der Gemeinschaft; er kann daher an der Einmütigkeit, die sich gegen ihn formiert, selbst teilhaben. Es ist dieser Bedarf an Einmütigkeit, der die Gemeinschaft primär umtreibt. Es gibt keinen Grund für ihn, eine Ausnahme zu sein. Tatsächlich ist sein Einverständnis das Wichtigste von allem.

Die drei Freunde Hiobs[3] versuchen, das ›Repräsentativsystem‹ zu festigen, das auf der Wahl Hiobs zum Sündenbock basiert. Zugegeben, sie gehen die Sache verkehrt herum an, doch die einzige alternative Herangehensweise bestünde darin, überhaupt nicht zu intervenieren und die Sündenbock-Systeme sich von selber bilden und auflösen zu lassen.

Das System besteht darin, die Gemeinschaft weiß und den Sündenbock schwarz zu machen; um das System zu stabilisieren, muss der Glaube an diese mythische Schwärze gestärkt werden. Das effektivste Mittel dazu ist offenbar das Geständnis des Opfers in gebührender und angemessener Form. Hiob muss öffentlich seine Niedertracht eingestehen, muss sie laut und überzeugend proklamieren.

Erinnern wir uns daran, wie Ödipus am Ende seiner Tragödie handelt. Er wiederholt beständig, er sei eine furchtbare Unreinheit, verabscheut von den Göttern wie von den Menschen, etwas, das die Griechen *miasma* nannten. Er verlangt seine eigene Ausschließung mit einem Enthusiasmus, der ihm letztendlich den Respekt der Gemeinschaft einbringt. Seine Fügsamkeit bringt ihm mildernde Umstände ein, erst unmittelbar bei den Thebanern, die bereit sind, ihn ins Exil zu schicken, und heutzutage wohl bei uns allen. Letztendlich besteht der einzige Grund, dass er noch leben darf, in seinem exemplarischen Verhalten als Opfer; hier liegen die Dinge genau umgekehrt wie bei Hiob.

Vom Opfer wird erwartet, dass es seinen Mitbürgern all das Übel verdeutlicht, das ihm künftig angelastet wird. Dies erleichtert den Leuten, der Orthodoxie anzuhängen, die sich gerade entwickelt. Die Stärke dieser Anhängigkeit ermöglicht es in primitiven Gesellschaften, eine finale Bindung und aus dem Sündenbock ein Prinzip sozialer Einheit zu schaffen, einen Gott, der gleichermaßen Pein bereitet und wohltätig wirkt.

Auf Hiobs Seite ist die Bindung bereits lose geworden. Da hat eine Zeitlang der Sündenbock-Vorgang nicht mehr die erwähnte Göttlichkeit hervorgebracht; doch macht die Krise im Opferdasein die enthusiastische und spontane Hingabe des Betroffenen an den mimetischen Wahn, der ihn entehrt und zerstört, nur umso notwendiger.

Jedes Mal, wenn ein ›Bösewicht‹ sich so präsentiert, reagiert die Gemeinschaft mit einem immergleichen Mechanismus, doch bringt Hiobs Aufsässigkeit das Szenario durcheinander;

dessen Hervorbringer haben offenbar nicht mit dieser Art Widerstand gerechnet.

Der Eingriff des vierten Inquisitors, Elihu[4], hilft uns, die Unerhörtheit des Vorgangs zu ermessen: Ein Opfer stellt sich einer ganzen Gemeinschaft entgegen. Der Skandal ist derart ungeheuerlich, dass – so vermute ich – ein empörter Leser versucht hat, ihn zu dämpfen, indem er die Person Elihu erfand. Die Unfähigkeit der ersten drei ›Freunde‹ Hiobs, Hiob zum Schweigen zu bringen, hat diesen eifrigen Unterstützer des strafenden Gottes in furchtbaren Zorn versetzt.

Im Wesentlichen stimmt Elihu mit den ersten drei Lynchern[5] derart überein, dass er sich für ihr Versagen keinen anderen Grund vorstellen kann, als dass sie eben unfähig sind. Sein Groll gegen diese und ebenso sein Groll gegen Hiob sind Symptome dafür, dass sich die sakrifizielle Krise verschärft hat. Wie alle oberflächlichen Reformer nutzt er seine Jugend als Hauptargument, als Beweis für seine Überlegenheit. Wenn der Weg über das ›alte, von den Bösen ausgetretene Gleis‹ nicht funktioniert, finden sich immer Leute wie Elihu, die es dadurch vollständig zerstören, indem sie es wieder instand zu setzen versuchen.

Ein Vergleich zwischen den Dialogen im Buch Hiob und der *Antigone* des Sophokles wird uns dabei helfen zu verstehen, worum es in der Debatte geht. Alles in dieser Tragödie hängt ab von einer Sündenbock-Operation, und es wird fast schon überdeutlich dargestellt, wie erfolgreich sie idealiter wirken könnte. Problematisch bleibt, wie immer in solchen Fällen, der Mangel an Einmütigkeit bei den Anhängern der Gemeinschaft.

Allein die Notwendigkeit, einträchtig zu sein, kann in Kreons Augen die Bedeutsamkeit der Rebellion Antigones erklären. Weder die Persönlichkeit der jungen Frau noch ihr Verhältnis zu Polyneikes[6] verleiht ihrem Ungehorsam[7] Gewicht, sondern vielmehr der Bruch in der Einmütigkeit. Indem sie dartut, dass Polyneikes nicht anders ist als sein feindlicher Bruder Eteokles, indem sie Begräbnisse für alle beide fordert, durchkreuzt sie die sakrifizielle Bestimmung, die Kreon wollte. Sie verhindert die Aushöhlung einer mythischen Differenz.

Es gibt nicht den geringsten Unterschied zwischen den beiden Brüdern, die sterben, wie sie gelebt haben, als Doubles in feindseliger Symmetrie. Sie gleichen einander wie zwei Regentropfen, wie die beiden Menaechmi bei Plautus.[8] Sie sind ebenso Zwillinge in der Gewalt. Wenn die Thebaner verstünden, dass ihr Sündenbock, Polyneikes, willkürlich ausgewählt wurde, wenn sie durchschaut hätten, dass Polyneikes wirklich eben ein *Sündenbock* ist, dann würde die Sündenbockmacherei nicht ›greifen‹; das Opfer würde nicht als verantwortlich erscheinen für die Uneinigkeit, welche die Gemeinschaft zerstört. Die Gemeinschaft wäre ihr Übel nicht losgeworden.

Kommt es so, wird die Uneinigkeit weiter fortgesetzt; genau das geschieht in *Antigone*; das Scheitern des Sündenbockverfahrens konstituiert die tragische Entwicklung. Da kein Opfer da ist, das einmütig als schuldig angesehen wird, kein hinreichend getarnter Sündenbock, gewinnt die Tragik an Stärke, und neue Doubles treten gegeneinander an, als da wären Antigone und Kreon, die Armeen des Eteokles und die Armeen des Polyneikes.

Bei Hiob geht es um das gleiche, nur sind in seinem Fall Antigone und Polyneikes ein und dieselbe Person. Der Sündenbock selbst stellt sich gegen seinen willkürlichen Ausschluss. Hiob ist eine Antigone in eigener Sache. Er soll die Legitimität seines eigenen Märtyrertums anerkennen, und er weigert sich.

Die drei ›Freunde‹ demonstrieren gegenüber Hiob die gleiche Halsstarrigkeit, die König Kreon gegenüber Antigone an den Tag legt. Dazu, Gewalt anzuwenden, wären sie schon in der Lage, doch dürfen sie diese nicht offen gebrauchen. Es ist für sie wichtig, das freiwillige Einverständnis des Opfers zu seiner Bestrafung zu erhalten.

Die Inquisitoren mildern ihren Ton und operieren strategisch. Sie lassen bald Todesdrohungen, bald vage Versprechen, Hiob wieder in die Gemeinschaft einzugliedern, hören. Diesem Umstand verdanken wir meiner Meinung nach die extrem irrige Interpretation der drei Freunde als Tröster – eine Sichtweise, zu der natürlich auch der Prolog beigetragen hat. Die relative Moderiertheit der drei entspringt keineswegs einer mitleidigen Regung. Die Freunde vergessen niemals, dass es ihr Ziel ist, Hiobs Widerstand ohne sichtbar werdenden Druck zu brechen.

Wenn es so aussähe, dass Hiobs Einwilligung durch Zwang zustande kam, verlöre sie all ihren Wert in den Augen der Gemeinschaft. Dieser Strategie ist ein Vorläufer moderner Propaganda.

Weil sie keinen Erfolg hatten, den Betroffenen zu einem Sakrifiz zu bewegen, dessen Würde ohne Makel wäre, beginnt die Gruppe – erst drei Freunde, dann vier – mehr und mehr einem Kreis von Polizisten zu ähneln, die einen Verdächtigen umstellen. Henker sind sie im eigentlichen Sinne nicht, doch halten sie jede Art von Einschüchterung oder psychologischem Druck für akzeptabel, wenn sie ihnen nur das ›Bekenntnis aus eigenem Antrieb‹ einbringt, das diktatorischen Gesellschaften so lieb und teuer ist. Das Scheitern des Vorgangs der Sakralisation weicht die echten sakralen Konnotationen auf. Das, was ich hier über ein religiöses Regime ausgeführt habe, kann und sollte auch auf andere Regimes angewendet werden – genau genommen eigentlich nicht auf Rechtsstaaten, wohl aber auf Polizeiregime und auf totalitäre Regierungen.

Es bestehen bemerkenswerte Parallelen zwischen jenem Universum und unserem. Irgendetwas im Buch Hiob erinnert uns an einen gewissen Niedergang unseres modernen Justizwesens. Überall zersetzt Ideologie das Rechtssystem; nur noch Parodien des Rechts greifen um sich und erzeugen Verhaltensmuster ähnlich jenen der drei Inquisitoren auf Hiobs Bettkante.

Gesellschaften, denen bisher diese ungute Entwicklung erspart blieb, ist es schwer zu erklären, warum totalitäre Regime derart viel Wert auf den Anschein von Recht legen, wie es ähnlich schwer ist, die unermüdlichen Bemühungen der Freunde Hiobs zu erklären, die sie darauf richten, dass dieser ein Schuldbekenntnis ablegt. Ein Vergleich der Mysterien hilft, sie beide zu erklären.

In beiden Fällen fehlen zwei Elemente, die für juristische Systeme, die Menschenrechte respektieren, unerlässlich sind, nämlich Beweise und Rechtsgarantien. Genau darauf sind die Verfolger systematisch aus; sie wollen eine ernsthafte Zustimmung des Beschuldigten, ohne dass Beweise präsentiert werden, eine Einwilligung in seine Vernichtung »ohne Prozess«, wie Elihu stolz feststellt. Eine solche Einwilligung muss vollständig an die Stelle von Beweisen treten.

Zwischen der Perspektive der Vollstrecker und der des Opfers muss perfekte Übereinstimmung gesichert sein. Nur eine einzige Wahrheit darf es geben, eine Wahrheit von echter Transzendenz, die bindend ist für alle ohne Ausnahme, auch für jene, die bei ihrer Durchsetzung auf der Strecke bleiben. Diese Wahrheit – das gilt es zu zeigen – ist so zwingend, dass sie auch über jene den Sieg davonträgt, die sie nicht zu schätzen wissen und die dafür die Konsequenzen zu tragen haben. Sie müssen anerkennen, dass sie gesündigt haben und dass all ihr Leiden gerechtfertigt ist.

Die Notwendigkeit eines mit allem einverstandenen Opfers bildet ein Charakteristikum sowohl des modernen Totalitarismus als auch bestimmter religiöser und parareligiöser Formen der primitiven Welt. Über die Menschen, die geopfert werden, heißt es dann immer, sie begrüßten ihre eigene Vernichtung sehr und sähen deren Notwendigkeit völlig ein. Dies ist der Standpunkt der Verfolger, und der moderne Neo-Primitivismus hat dabei versagt, diesen zu kritisieren.

Totalitäre Ideologien zerstören den Glauben an eine unparteiische und souveräne Justiz, die über den Konflikten der irdischen Polis[9] steht. Regime, die auf den Ruinen eines systematisch missachteten Rechtscodes triumphieren, können sich seiner nicht mehr bedienen, wenn es denn eigentlich notwendig wäre. Sie haben die effektive Transzendenz des Gesetzes in Beziehung zu den Individuen, welche die Gesellschaft bilden, zerstört.

Wenn die besagte Transzendenz, die die Souveränität und Kontinuität der justiziellen Institutionen sichert, nicht mehr existiert; wenn es kein Prinzip mehr gibt, dem rivalisierende Ambitionen, die Launen der Geschichte und die Korruptheit oder Mittelmäßigkeit der Repräsentanten nichts anhaben können, dann ist etwas nicht Auszudenkendes verlorengegangen. Entweder besteht dann keine gemeinschaftliche Wahrheit mehr, oder es wird eine allen aufgezwungen; die muss man dann bis zur letzten Konsequenz leben und, wenn notwendig, für sie sterben und auch dazu bereit sein, für sie zu töten. Man muss diese Wahrheit werden, ihre *Inkarnation* sein.

In totalitären Systemen streben die führenden Leute mit Macht nach diesem Status der Inkarnation. Sie schreiben nur unfehlbare Bücher und äußern nur hochinspirierte Sätze. Sie gelten als die lebende Wahrheit, als heilige Könige. Wir nennen derlei ›Persönlichkeitskult‹.

Doch wenn mehrere Idole existieren, beschädigt und beeinträchtigt der kleinste Zwist zwischen ihnen eine Wahrheit, die tatsächlich nur in ihren privilegierten Verkörperungen existiert. Im Konflikt der Idole erleben wir die Zerteilung und Fragmentierung des Heiligen; letztendlich steht die Gesellschaft als Ganzes vor dem Risiko, zu zerbrechen und sich aufzulösen. Der physische Sieg einer Partei über ihre Rivalen reicht nicht aus, um die Einheit der Wahrheit wiederherzustellen.

Die Niedergeworfenen müssen aus freien Stücken zugeben, dass und worin sie gefehlt haben. Gebraucht wird ein Schuldeingeständnis, das nicht den Eindruck erweckt, es sei mit Gewalt erzwungen worden. Die Verwünschten müssen dem Fluch, der sie trifft, ihren Segen geben. Sie werden nicht aufgefordert zu verzeihen – besonders dies nicht, denn es würde implizieren, dass die Verfolgung nicht unfehlbar notwendig gewesen wäre. Erforderlich ist ihr enthusiastisches Einverständnis mit der Entscheidung, sie zu vernichten.

Genau dies verlangen die drei Freunde von Hiob. Die Verlierer müssen anerkennen, dass sie immer im Unrecht und dass sie Verräter waren. Sie glaubten, unschuldig zu sein, und müssen nun einsehen, dass sie von Beginn an des Vatermords und des Inzests schuldig waren. Sie haben die Leute mit Betrug dazu gebracht, ihnen Beifall zu spenden, während sie in Wirklichkeit keineswegs die Wahrheit verkörpern.

Ist die institutionelle Transzendenz einmal zerstört, kann sie nur zeitweise und mit drastischen Mitteln wiedererrichtet werden, mit Methoden, die denen ähneln, welche in primitiven Gesellschaften üblich sind, denen ebenso permanente Transzendenz fehlt, freilich aus entgegengesetzten Gründen: Sie haben noch gar keine Transzendenz entwickelt. Moderne totalitäre Gesellschaften haben am Ende in sich diese Transzendenz zerstört; primitive Gesellschaften hatten noch keine hervorzubringen vermocht.

In beiden Fällen bleibt nur eine Zuflucht: der Sündenbock-Mechanismus. Vor dem Totalitarismus war es den modernen Gesellschaften zwar nicht gelungen, die Sündenbock-Taktik zu eliminieren, doch hatten sie einerseits die allerschlimmste Gewalt aus sich herausgezwungen und andererseits die Gewalt innerhalb ihres Herrschaftsgebiets reduziert. Dieser bescheidene Fortschritt wird in unserer Zeit beeinträchtigt durch die wachsende Virulenz internationaler Konflikte und die wuchtige Rückkehr des Sündenbock-Mechanismus sowohl im Terrorismus als auch im Totalitarismus.

Die drei Freunde sind so wenig an der Wahrheit interessiert, wie es die sowjetischen Verfolger waren. Sie wollen Hiob dazu bringen, in aller Öffentlichkeit zuzugeben, dass er schuldig sei. Es spielt keine Rolle, worin genau seine Schuld liegt – Hauptsache, er bekennt sie vor jedermann. Alles in allem soll der Unglückliche bekennen, dass er von einem unfehlbaren Gott geschlagen wurde, nicht etwa von fehlbaren Menschen. Er soll der heiligen Eintracht einer konsensuellen Lynchjustiz zustimmen.

Vergeltung (1987)[1]

Es gibt noch weitere Charakteristika, die totalitäre Prozesse mit dem Verfahren gemein haben, durch das Hiob zum Opfer gemacht wird. Eines der frappantesten ist die Tilgung der Erinnerung, das Bestreben, nicht nur den Sündenbock, sondern auch alles, was an ihn gemahnen könnte, zu eliminieren – einschließlich seines Namens, der nicht mehr erwähnt werden darf.

In der Welt der Religion wird dieses Verhalten durch die Besudelung gerechtfertigt, die der Sündenbock verbreitet habe. Sie wird als so heimtückisch und im Ausmaß ungeheuerlich verstanden, dass der leichteste Hauch eines Wiedererscheinens, selbst der flüchtigste Gedanke an ihn, und wäre es nur die Nennung seines Namens, vergiften könnte. Das Opfer ist so unrein, dass der Boden, den es betreten hat, mit Schwefel und Desinfektionsmitteln geflutet werden muss; noch die letzten Spuren seines Daseins auf Erden sind zu zerstören:

> Sein Gedächtnis wird vergehen in dem Lande, und er wird keinen Namen haben auf der Gasse. Er wird vom Licht in die Finsternis vertrieben und vom Erdboden verstoßen werden. Er wird keine Kinder haben und keine Enkel unter seinem Volk; es wird ihm keiner übrigbleiben in seinen Gütern. [Sein schlimmes Ende entsetzt den Westen und erschreckt den Osten.][2] Die nach ihm kommen, werden sich über seinen Tag entsetzen; und die vor ihm sind, wird eine Furcht ankommen. Das ist die Wohnung des Ungerechten; und dies ist die Stätte des, der Gott nicht achtet. (Hiob 18,17–21)

Es gibt nichts Rituelleres und Traditionelleres als diese Abschaffung der Erinnerung, diese radikale Vernichtung des falschen Schuldigen. In unserer Ära erscheint diese Forderung nach extremer Destruktion wieder, nur eben in den Laienstand versetzt. Manche religiösen Vorgehensweisen erinnern uns an prophylaktische Maßnahmen gegen Epidemien; damit ist auch die Medizin in diese Geschichten eingeschlossen, sogar heute noch. Der moderne Totalitarismus sorgte seinerseits für das Wiedererscheinen der Erinnerungstilgung, diesmal ausgeführt von einem primitiven staatlichen Apparat.

Die radikale Eliminierung des ›Schuldigen‹ erinnert uns an die Geschichtsmanipulationen in der totalitären Welt. Während der Jahre des Stalinismus wurde eine in Ungnade gefallene Führungsfigur zur Unperson, und ihr Name verschwand aus Enzyklopädien und offiziellen Annalen.

Es stehen keine Gedenktafeln entlang des ›Weges der Ungerechten‹, jenes Weges, der in ihren Untergang führt. Die kollektive Erinnerung hat von ihm nur noch eine vage Vorstellung, dass er eine Bedrohung sei, die über allen Bürgern hängt; bloß im Falle Hiobs wird sie konkret und konturiert. Jeder, der nach Meinung jener, welche die öffentliche Meinung manipulieren, ›Verruchtheit‹ an den Tag legt, steht in Gefahr, eine kleine Tour auf diesem Weg zu machen. Im Falle Hiobs besteht diese ›Verruchtheit‹ in dessen Weigerung nachzugeben, in der Unabhängigkeit seines Urteils, in seiner Entschlossenheit, sich der furchteinflößenden Mimesis der Horde nicht zu ergeben.

Der Persönlichkeitskult und die Parodien auf legale Gerichtsverfahren sind nicht einfach als unglückliche, doch verzeihliche ›Auswüchse‹ zu werten. Es liegt näher, sie als einen Rückfall in soziale Umgangsformen zu deuten, die unmittelbar auf dem Sündenbockprozess basieren. Ideologische Komplizenschaft animiert viele Leute zu verharmlosen, was da geschieht, und genau dies ist auch ein Teil dessen, was da passiert. Sie sind davon überzeugt, dass die ›Auswüchse‹ ein für alle Mal enden werden an dem Tag, da die ›Guten‹ die Macht ergreifen und die ›Bösen‹ auf immer verjagen – kurz gesagt: An dem Tag, da nur noch die ›Guten‹ sich um die reinigende Vertreibung kümmern.

Dieser Rückfall in eine Sozialform, die fraglos während des größten Teils der Menschheitsgeschichte vorgeherrscht hat, ist völlig ›unauthentisch‹, und wir wissen nicht, ob wir ihn wegen jenes Fehlens von Authentizität für weniger gefährlich oder im Gegenteil für noch gefährlicher halten sollen. Was immer Menschen künftig tun – sie werden die Sündenbockdimension der judäo-christlichen Offenbarung nicht vergessen können. Eine Reaktivierung des Sündenbockmechanismus gerät immer plump und leidet unter ihrer offensichtlichen Falschheit.

Das Element der bewussten Manipulation ist in totalitären Welten, die zuvor christianisiert worden waren, stärker als in jenen, die sich der Wahrheit über den Mechanismus des Sündenbocks nie bewusst waren. Unsere zeitgenössische Welt reanimiert die primitive Gewalt, ohne gleichzeitig die Abwesenheit von Wissen wiederzuentdecken, die frühere Gesellschaften mit einer relativen Ahnungslosigkeit ausstattete und sie vor einem Zustand bewahrte, in dem sich nicht mehr leben ließe.

Wenn nun moderne Gesellschaften, die sich über die Jahrhunderte mehr und mehr von der primitiven Religion distanziert haben, ohne je einen vollständigen Bruch mit ihr zu vollziehen, totalitären Versuchungen nachgeben, nähern sie sich nicht etwa wieder der primitiven Religion, sondern deren Desintegration an. Möglicherweise erliegen sie zunehmend diesen Versuchungen aus Gründen, die sich eng konzipierten politischen und auch sogar soziologischen Denkmustern entziehen.

Es ist kein Zufall, dass die Texte, die uns am meisten das, was vorgeht, erhellen, jene großen Texte sind, die zu dem Universum des Tragischen und Prophetischen gehören, also zu jenen Werken, die besonders inspiriert sind von der sakrifiziellen Dekadenz der alten Welt. Die Leute sagen gern, man müsse ›aus den Dingen kein Drama machen‹, doch hält uns ja das Tragische vielleicht bereits im denkbar stärksten Sinn gefangen.

Ebendarum wirkt der Ton, den das Buch Hiob anschlägt, so

zeitgenössisch. Je mehr wir die Funktion des Opfers in der primitiven Welt verstehen, desto mehr können wir die Beschaffenheit der menschlichen Beziehungen in der totalitären Welt gedanklich durchdringen. In beiden Fällen liegt das Wesentliche in der gleichen einzigartigen Abwesenheit, die unbemerkt bleibt, weil es sich um die Abwesenheit eines Dinges handelt, das kein Ding ist und das viele nicht sehen. Seine Existenz und seine Bedeutsamkeit werden oft zu spät entdeckt, nämlich dann, wenn es aufhört zu sein, sowie in der Konsequenz seiner Abwesenheit.

Ich rede von einer sozialen Transzendenz, die so stark und stabil ist, dass sie gar nicht ständig auf die Sündenböcke innerhalb einer bedrohten Gruppe Bezug nehmen muss. Die meisten Westler werden zu sehr durch diese Transzendenz beschützt, dass sie sich gar nicht vorstellen können, jene und das unverdiente Privileg, von dem sie immer noch profitieren, einmal zu verlieren.

Jede Gesellschaft, in der der Sündenbock weiterhin seine uralte Rolle ausfüllt, Transzendenz zu begründen und wiederherzustellen, ist totalitär; doch sind sich biblisches und christliches Wissen der Implikationen des Sündenbockverfahrens bewusst; so wird verhindert, dass die Illusionen der Freunde Hiobs und ebenso die Selbsttäuschung all jener wiederauferstehen, die glauben, sie lebten in einem makellosen Universum. Die Freunde entwerfen naiv ein Universum, das von einer unfehlbaren Gerechtigkeit gesteuert wird, ein Universum also, dem zweifellos grässliche Grausamkeit eigen ist. Auch ohne dass wir in Neo-Primitivismus verfallen, können wir zugeben, dass die unerschütterliche Überzeugung jener, die eine solche Welt bevölkern, eine Art von Unschuld und Gemütsfrische impliziert, die den luftarmen Parodien der modernen Welt fehlt.

Das Verlangen nach absoluter Perfektion mag auch das gemeinsame Terrain bilden, das die Gesellschaft von Hiobs

›Freunden‹ mit totalitären Gesellschaften unserer Zeit verbindet. Gegenüber Unvollkommenheiten, die zu offensichtlich sind, als dass sie geleugnet werden könnten, gegenüber all dem, das augenscheinlich nicht richtig funktioniert, ist die erste Reaktion einer totalitären Gesellschaft eher justiziell als pragmatisch. Um konkrete Lösungen zu finden, ist die fruchtbarste Haltung jene, anzunehmen, dass niemand ›schuldig‹ sei. Wenn man lernen will, die Seuche zu heilen, dann muss man sich als Erstes von den Weissagungen über Laios[3] und der Jagd nach einem Sündenbock abwenden. Totalitäre Welten verzichten auf diesen Verzicht. Ohne sich dessen bewusst zu sein, setzen sie im Namen des ›Fortschritts‹ jene Haltung wieder ein, die Eliphas so treffend kennzeichnet:

> Gedenke doch, wo ist ein Unschuldiger umgekommen? oder wo sind die Gerechten je vertilgt? Wie ich wohl gesehen habe: die da Mühe pflügten und Unglück säten, ernteten es auch ein; durch den Odem Gottes sind sie umgekommen und vom Geist seines Zorns vertilgt. (Hiob 4,7–9)

Es ist leicht zu verstehen, warum die drei Freunde so denken, wie sie denken. Sie agierten immer auf Seiten der Lyncher, als Mitglieder der Gemeinschaft, wie aus den Erzählungen des Eliphas hervorgeht. Die Gerechten sind ebenjene, an denen nie ein Lynchakt vollzogen wurde und die so gut enden, wie sie begannen.

Allgemein gesagt: Normalerweise sind jene, die gelyncht wurden, nicht mehr anwesend, um davon zu berichten. Genau dies macht die Reden Hiobs zu einer ungewöhnlichen Ausnahme und zu einer Schändlichkeit in den Augen eines ganzen Universums, das in seinen Klagen nur eine unverzeihliche Subversion gegen die Vorstellung der göttlichen Gerechtigkeit selbst sehen kann.

Für die Freunde steht, solange da kein Hiob den Vollzug des Sündenbockvorgangs stört, alles eindeutig zum Besten in der besten aller Welten. Wenn die göttliche Rache zuschlägt, trifft es immer andere; nur die Bösen werden von der Menge zerstampft. Liegt es unter diesen Bedingungen nicht nahe, davon auszugehen, dass diese Welt höchst wohlgeraten eingerichtet sei?

Jene, die an dem Sündenbockmechanismus beteiligt und von ihm voll und ganz überzeugt sind, leben in einer Welt, die immer den Erfordernissen dessen entspricht, was sie unter ›Gerechtigkeit‹ verstehen. Wenn zeitweise diese Welt aufhört, gerecht zu sein, wird, so erwarten sie, früher oder später der Sündenbockprozess einschreiten, um ihre Vollkommenheit wiederherzustellen. Die Freunde bestätigen dies im Falle Hiob, ähnlich wie der Erzähler im Psalm 73. Mitunter kommen die himmlischen Heere nur langsam in Gang, doch sind sie erst einmal da, geben sie dem Ungerechten zügig, was ihm gebührt. Letztlich erhalten hienieden Gut und Böse immer das, was ihnen von Gott zusteht. Darin besteht die Kraft der Idee der Vergeltung: ein wesentlicher Aspekt jedes Systems mythologischer Repräsentation. Wenn man ein wenig nachdenkt, kommt man dahinter, dass es gänzlich auf dem Opfer-Mechanismus basiert.

Aus diesem Grunde beherrscht der Glaube an Vergeltung primitive Religion. Er ist viel mehr als eine Philosophie, sogar mehr als eine Theologie. Als ›primitiv‹ bezeichne ich jede Gesellschaft, welche auf Sündenbockmechanismen aufgebaut ist, die noch intakt sind. Transzendente Gerechtigkeit ist dasselbe wie der Sündenbockprozess, den Hiob beschreibt, solange kein Hiob dadurch stört, dass er ihn beschreibt. Sie ist daher so natürlich, wie sie übernatürlich, so transzendent, wie sie immanent ist. Sie ist immer da, denn sie ist identisch mit mimetischer Einmütigkeit, und diese mimetische Einmütigkeit wird letztendlich immer gegen irgendein Opfer aufgebaut.

Für die Klärung dieses Punkts und so vieler anderer sind die Offenbarungen des Buchs Hiob von unschätzbarem Wert. Die drei Freunde könnten nicht so fest an die Schuldigkeit Hiobs und all der Sündenböcke vor ihm glauben, wie sie es tun, wenn sie nicht gleichermaßen an eine absolute Gerechtigkeit glaubten, die in dieser Welt immer triumphiert. Die beiden Dinge sind ein und dasselbe. Alle, die die gesamte Gemeinschaft als schuldig erkennt, sind bereits bestraft, und alle, die bestraft sind oder bestraft zu sein scheinen – vielleicht schlicht durch ein Missgeschick –, werden unmittelbar als schuldig erkannt und auch zu Sündenböcken erklärt. Die Gerechtigkeit triumphiert zwangsläufig.

Der gutgeölte Sündenbockmechanismus generiert eine absolut ›perfekte‹ Welt, denn er garantiert automatisch die Eliminierung all dessen, das als unvollkommen gilt, und lässt von allem, das gewaltsam eliminiert wird, vermuten, dass es unvollkommen und unwert zu existieren sei.

In dieser Welt gibt es keinen Raum für ungestrafte Ungerechtigkeit oder ungesühntes Bösesein; ebenso wenig gibt es Platz für den Gerechten, der nur Pech hatte, oder für den Verfolgten, der tatsächlich unschuldig ist. Genau das sagt auch Eliphas. Dieser Kreis hat keinen Bruch: Das Prinzip jener Vollkommenheit wird nie entdecken, was an ihm irrig ist. Die Mimesis ist zu stark. Hiob könnte bis ans Ende aller Tage brüllen, ohne dass er seine Freunde oder sonst irgendwen dazu brächte, zu verstehen.

Dieses generative Prinzip kann nicht unterlaufen werden. Sobald irgendetwas auftaucht, das es entwurzeln oder illusorisch erscheinen lassen könnte – wie etwa die Stimme Hiobs, die proklamiert, er sei ein Sündenbock –, wird der Eliminationsmechanismus, entweder in primitiver physischer Form, wie wir es bei Hiob sehen, oder in einer indirekten, abgeschwächten und intellektualisierten Form in Gang gesetzt, in einem

Modus, für den die tausend Methoden, Hiobs Aussagen zu ignorieren, exzellente Bespiele liefern. Die Tatsache, dass jedes ›Repräsentationssystem‹ sich selbst in sich abschließt, ist letztlich ein Ergebnis des Sündenbockmechanismus.

Die Tendenz, Unvollkommenheiten einer Gesellschaft Sündenböcken anzuhängen, die sich sowohl innerhalb als auch außerhalb einer Gemeinschaft befinden können, ist sicherlich universell, doch die totalitären Gesellschaften fördern und systematisieren diese noch, anstatt jene Tendenz zu entmutigen und anzuprangern. Sie nähren mit Opfern den Mythos ihrer eigenen Vollkommenheit, die sie voranbringen wollen.

Warum kämpfen wir? Und wie hören wir auf? (2005)

HARRISON: René Girard ist, das darf man wohl sagen, einer der größten Denker des 20. Jahrhunderts. Seine wissenschaftliche Laufbahn nahm eine bemerkenswerte und unerwartete Wendung nach seinem ersten Buch, *Mensonge romantique et vérité romanesque* (dt. *Figuren des Begehrens. Das Selbst und der Andere in der fiktionalen Realität*), als er sich Gebieten zuwandte, die religiöse und anthropologische Studien bis dahin unbeachtet gelassen hatten. Er war ein Literaturgelehrter, der bei Untersuchungen zur Fiktionalität fast unerwartet eine Einsicht in das mimetische Begehren gewann, die er dann nach und nach auch auf andere anthropologische Sphären anwandte. In seiner intensiven Analyse alter Mythen und primitiver Religionen stößt er zu der tiefgründigen Frage vor, wie mimetisches Begehren das Organisationsprinzip einer Gesellschaft als Ganzes wird. René, willkommen in meiner Sendung.

GIRARD: Ich freue mich, hier zu sein.

HARRISON: Beginnen wir mit Ihrer Sicht auf die Religion. Für Sie ist Religion keine Ansammlung von Glaubensvorstellungen und -sätzen, von Erklärungen der Welt oder der Mysterien des Kosmos, sondern in erster Linie und hauptsächlich ein Ensemble von Praktiken. Verstehe ich das recht?

GIRARD: Ja. Und diese Praktiken heißen ›Rituale‹. Rituale sehen alle Menschen der archaischen Zeit als unentbehrlich an für das Überleben und das Wohlergehen einer Gemeinschaft. Die ursprüngliche Form des Rituals ist die Tötung eines Opfers in Gegenwart der gesamten Gemeinschaft.

HARRISON: Dies ist der Grundstein für Ihre Theorie über das Zustandekommen der Rituale. Dazu gehört, dass ein Einzelner von einem Kollektiv zum Sündenbock und damit zum Opfer erklärt wird. Können Sie erläutern, wie Sie von der Vorstellung des mimetischen Begehrens zu Ihrer Theorie gelangt sind, dass der sogenannte ›Sündenbockmechanismus‹ am Ursprung der menschlichen Gesellschaften steht?

GIRARD: Wenn sich mimetisches Verlangen verbreitet, dann verbreitet es zusammen mit sich selbst auch Gewalt, Konflikte zwischen den Menschen, Rivalitäten, denn es bedeutet, dass alle Leute die gleiche Sache begehren. Nun: Wie weit kann das gehen?

Es gibt Zeichen, dass Gemeinschaften – archaische, doch sogar moderne, eigentlich alle Gemeinschaften – Spannungen unterworfen sind, die sich leicht auf dem Wege der Ansteckung über die gesamte Gemeinschaft verbreiten, durch eine Art mimetischen Verlangens. Wenn zwei Leute das Gleiche begehren, werden es bald drei sein, und wenn es drei sind, werden sie immer schneller den Rest der Gemeinschaft anstecken. Die Unterschiede, die sie trennen, fallen weg. Und so kommen die Leute in den Vorgang, den ich mimetische Krise nenne, also jener Augenblick, in dem alle zur gleichen Zeit um das Gleiche kämpfen. Und selbst dann, wenn das Objekt verschwinden sollte, werden sie weiterkämpfen, weil sie jetzt die Obsession gegeneinander führt. Und verstärkt sich der Konflikt, droht er die gesamte Gemeinschaft zu zerstören.

Was passiert, um eine solche Krise zu beenden? Meine Antwort lautet: Immer mehr Leute halten eine einzelne Person für schuldig an dem ganzen Übel, und die wird nun Opfer. Mit anderen Worten, die mimetische Ansteckung befördert nun anstelle des Verlangens nach einem Wunschobjekt das Ressentiment gegen ein bestimmtes Opfer.

Wenn das passiert, entwickeln alle diese Feindseligkeit. Schließlich wird das Opfer … nun, der einzige *terminus technicus*, den unsere Sprache dafür hat, ist ›lynchen‹.

Das Lynchen eines Opfers, eines einzelnen Opfers, vereint die Gemeinschaft gegen dieses Opfer und versöhnt sie so. Deshalb wird das Opfer gehasst, weil es angeblich für die Beschwernisse verantwortlich ist. Doch nur kurze Zeit später, wenn die Beschwernisse geendet haben, wird ebenjenes Opfer verehrt werden als derjenige, der den Konflikt gelöst hat. Meines Erachtens liegt der Hauptcharakter der archaischen und sogar noch der antiken Götter darin, dass sie gleichermaßen gut und böse sind. Diese Dualität ist von extremer Wichtigkeit – birgt sie doch ein Zeichen dafür, dass es sich bei dem Opfer um den ›Sündenbock‹ der betreffenden Gemeinschaft handelt. Mit anderen Worten: Das kollektiv erwählte Opfer ist in Wahrheit gar nicht für irgendetwas verantwortlich, sondern wurde ausgewählt aufgrund mimetischer Ansteckung und wird zuerst als schuldig wahrgenommen – und dann als ein Retter, ein Gott.

HARRISON: Wie entfesselt ein Naturdesaster, etwa eine Pest, innerhalb einer Gemeinschaft die mimetische Ansteckung, von der Sie sprechen?

GIRARD: Dazu gibt es jede Menge Schilderungen, aus älterer und jüngerer Zeit. Wenn Sie Schilderungen der Pestepidemien im Mittelalter und in der Renaissance lesen, wird Ihnen aufscheinen, dass viele Leute das Sündenbockphänomen in Verbindung mit jenem Seuchenphänomen sahen. Natürlich löste, solange die reale Pest um sich griff, ein Sündenbock das Problem nicht.

HARRISON: Richtig.

GIRARD: Doch ein Problem *wird* er lösen, nämlich die totale Auflösung, das Zerbrechen der Gemeinschaft, das sich aus dem mimetischen Glauben jedes Einzelnen ergibt, dass jemand anders verantwortlich sei.

HARRISON: Dann meinen Sie also, dass, ungeachtet der Glaubenssätze und -vorstellungen, die eine Religion fördert oder auslöst nach einem realen Lynchen oder einer Abstempelung als Sündenbock, die wahre, verborgene Grundlage jeder archaischen Religion sei. Sie halten dies für ein universal gültiges Prinzip.

GIRARD: Ja, weil das Opfern, umfassenden Beobachtungen zufolge, als religiöses Verfahren bei allen archaischen Religionen erscheint. Wir kennen keine Religion, die ohne Opfer auskäme.

Was ist nun das rituelle Opfern, das Sakrifiz? Jedenfalls nicht das, was ich gerade beschrieben habe. Gerade beschrieben habe ich das Sündenbockphänomen, das die eigentliche Grundlage des Sakrifiz bildet. Wenn eine Gemeinschaft durch einen Sündenbock versöhnt wird, ist sie zunächst sehr glücklich. Doch merkt sie sehr schnell, dass es wieder zu Rivalitäten kommt. Und was tut sie dann? Sie erinnert sich, dass beim vorigen Konflikt ein Einzelopfer die Kämpfe beendet und den Frieden zurückgebracht hat. Die Reaktion einer Gemeinschaft – die Reaktion jeder Gemeinschaft – besteht darin, ein Opfer auszuwählen und dieses genauso zu töten, wie das erste Opfer getötet wurde, nur geschieht es diesmal rituell und nicht mehr hysterisch.

HARRISON: So also kam es zum ritualisierten Sakrifiz?

GIRARD: Genau. Was die Anthropologen an der ritualisierten Gewalt befremdet, ist, dass den Sakrifizien gewöhnlich ein freier Fall vorausgeht, in dem die ganze Gemeinschaft zerrüttet wurde. Sie verstehen nicht, warum man, um eine Zerrüttung zu stoppen, in noch mehr Zerrüttung gehen sollte. Doch ist das, was was man da tut, nichts anderes, als den gesamten Prozess von Krise und Lösung zu imitieren, und das passiert im Ritual. Und das funktioniert tatsächlich.

HARRISON: Es funktioniert insofern, als es in der Gemeinschaft eine Ordnung wiederherstellt, die zuvor …

GIRARD: Richtig, eine Ordnung wird wiederhergestellt, die

von dem ursprünglichen Sündenbock geschaffen worden war.

HARRISON: Was macht Sie so sicher, dass der Einrichtung eines Rituals ein Lynchereignis voranging oder ein ...

GIRARD: Ritual und Mythos. Wenn Sie sich einen Mythos ernsthaft betrachten, sehen Sie darin Geschichten über irgendeinen Halunken, der eine Gemeinschaft zerrüttet und der dann von der gesamten Gemeinschaft bestraft wird und über den man wiederum später sagt, er sei ein Gott. Dies ist ein Missverständnis des Prozesses, der die Gemeinschaft hervorbringt.

HARRISON: Worin liegt das Missverständnis? In den Geschichten, die über das Ganze erzählt werden?

GIRARD: Nein, in der Tatsache, dass die Leute glauben, das Opfer sei wirklich schuldig. Das Charakteristikum sakrifizieller Gesellschaften besteht darin, dass sie glauben, ihr Gott sei zwar ein guter Gott, aber durchaus in der Lage, ein böser Gott zu sein, der die Gemeinschaft zerrütten kann und der dies auch tut, um die Gemeinschaft zu bestrafen und dann durch sein eigenes Agieren zu retten.

HARRISON: Es besteht ein Unterschied zwischen Mythos und Ritual. Ritual ist ein Ensemble von Praktiken, wie Sie es eben beschrieben haben. Der Mythos besteht darin, dass er Ereignisse, deren Grundlage das Ritual bildet, in einem anderen Modus erzählen. Ihre Theorie des Mythos suggeriert, dass Mythen, besonders die archaischen, die Mechanismen, von denen Sie sprechen, einerseits offenbaren, andererseits aber verhüllen.

GIRARD: Sie offenbaren nicht, was da vorgeht. Denn wenn sie es offenbart hätten, würden wir darum wissen.

HARRISON: Doch müssen sie es offenbaren, zumindest so weit, dass Sie in der Lage sind, die Existenz dieser Mechanismen aus Ihrem Lesen der Mythen abzuleiten.

GIRARD: Je mehr Mythen Sie als Beispiele heranziehen, desto mehr werden Sie bemerken, dass sie immer dasselbe sagen. Im griechischen Bereich hat die größte Offenbarungsintensität der Dionysos-Zyklus. Darin nämlich wird jedes Mal gelyncht, wenn sich eine Geschichte rundet.

Was hier verwundert, ist nicht, dass ich dies bemerkt habe – sondern eher, dass niemand es zuvor bemerkt hat. Wir haben ein religiöses System, das gänzlich auf einem Bündel von Mythen gründet, in deren Mittelpunkt ein Lynchereignis steht. Das Lynchereignis wird der wichtigste Faktor – der von jedem Deuter hätte berücksichtigt werden müssen, es aber nie wurde. Eine Gesellschaft mag sich nicht gern vorstellen, dass ein fundamentales Element im Menschen steckt, das zur Gewalt führt. Doch demonstrieren die Mythen gerade, dass Gesellschaften dazu tendieren, zu scheitern, wenn sich mehr und mehr mimetische Rivalität verbreitet.

Deshalb sind alle Regeln, die eine Gesellschaft aufstellt, Bemühungen, mimetische Rivalität zu verhindern. Wenn man primitive Gemeinschaften betrachtet, lässt sich fragen: Warum haben sie so komplizierte Regeln, was das Heiraten, ja das Verhältnis der Geschlechter insgesamt angeht? Damit sollen Männer, die um ein und dieselbe Frau kämpfen, davon abgehalten werden, knäuelweise dieser Frau nachzustellen und sie kollektiv zu begehren. Bruderinzest ist immer deshalb verboten, weil er zu einem Krieg zwischen den beiden Brüdern führen würde.

HARRISON: Ich möchte mir über den Mythos noch gerne klarer werden. Wie kommen Sie zu Ihrer These über die Sündenbockmechanismen? Hat das etwas damit zu tun, dass Sie mit einer Theorie über die Grundlagen der Rituale beginnen, die Sie befähigt, die Mythen so zu lesen, wie Sie sie lesen, oder damit, dass Sie die Mythen selbst lesen? Wie sind

Sie zu der Schlussfolgerung gelangt, dass sich hinter den Geschichten stets der Sündenbockmechanismus verbirgt, hinter den Geschichten, die …

GIRARD: Unvermeidlicherweise hat hier ein bisschen von beidem gewirkt. Die Entdeckung der Überbleibsel prähistorischer Tiere war sehr bestechend, dank der Theorie Darwins. Man braucht eine Theorie, um sie verifizieren zu können, und die Verifikation braucht man auch. Es ist ein dualer Prozess.

HARRISON: Was waren die entscheidenden Anhaltspunkte, die Sie zu Ihren Theorien führten?

GIRARD: Ich las von den Entdeckungen der britischen Anthropologen in den englischen Kolonien. Man fand heraus, dass religiöse Phänomene überall die gleichen sind, doch haben dies die Theorien nicht erkannt. Sie sind überall gleich und benutzen dasselbe Vokabular. Wenn sie sich über Phänomene äußern, die sich ständig wiederholen, müssen Theorien ja auch ständig dasselbe sagen. Doch wurde bislang eine übergreifende Theorie nicht gefunden. Ich bin jedoch absolut überzeugt, dass es eine korrekte Theorie zu diesen Fakten geben muss.

HARRISON: Mir gefällt die Vorstellung, dass es zu Fakten eine korrekte Theorie geben muss. Aber lassen Sie mich ein Zitat aus einem Interview vorlesen, das Sie 1978 der Zeitschrift *Diacritics* gaben:

»Es stimmt schon, dass viele, voneinander abweichende Interpretationen ein und desselben mythischen Textes möglich sind, nur sind sie alle falsch, und nur eine Interpretation ist richtig, nämlich jene, welche die strukturierende Kraft offenlegt, die der Standpunkt des Verfolgers ausübt, ein Faktor, gegenüber dem alle anderen sich blind zeigen.«

Würden Sie heute rückblickend sagen, dass Sie hier übertrieben haben?

GIRARD: Der Satz wäre eine Übertreibung, wenn der Beweis,

der zu ihm gehört, nicht mitgeliefert würde. Wird er hier aber. Man muss den Beweis zur Kenntnis nehmen.

Dafür, dass man in einem Text auf ein Sündenbockphänomen trifft, ist es nicht notwendig, den Sündenbock explizit zu erwähnen; die Leute sollen ja an die Schuld des Opfers glauben. Der Gott, der ein Sündenbock wird, ist gleichzeitig sehr böse und sehr gut. Wie wollen Sie da kontinuierlich einen Sinn hineinbekommen, ohne Rückgriff zu nehmen auf so etwas wie das Sündenbockphänomen? Warum sollte die sakrifizielle Krise, in der jeder gegen jeden ist, nicht letztlich lösbar sein durch dieses Prinzip des einzelnen Sündenbocks?

Mimetisches Begehren verbreitet sich auf verschiedene Weise, bis alle gegeneinander kämpfen. Die einzige Methode, solch einen Konflikt zu lösen, ist ein Einzelopfer. Und ein Einzelopfer ist möglich, weil in dem Moment, wenn die Dinge erst einmal bis zu diesem Punkt gediehen sind, alle Leute das Gleiche tun.

Ich könnte auch mit einer Frage antworten: ›Glauben Sie, dass es Sündenböcke in unserer Gesellschaft gibt?‹

Wenn es Sündenböcke in unserer Gesellschaft gibt, dann steht fest, dass sie in einer archaischen Gesellschaft echte Opfer gewesen wären; man hätte sie getötet.

HARRISON: Aber nehmen wir doch einmal eine rationalere Leseweise der Mythen – wie sie etwa die *Metamorphosen* des Ovid sind. Dies ist eine Zusammenstellung für Mythen aller Art.

GIRARD: Ja, schon eine Zusammenstellung, doch hält Ovid das Mythische nicht bis zum Ende durch. Ovid macht etwas sehr Literarisches und etwas im Vergleich zum Mythos sehr Unterschiedliches.

Er sammelt Mythen, weil sie so malerisch sind. Er kommt recht gut bei uns an, weil er ihnen die Zähne zieht und sie in

Geschichten umwandelt. Dank Leuten wie Ovid glauben wir, dass Mythen *nichts anderes als* Geschichten sind.

HARRISON: An welche Mythen denken Sie da aber genau? An archaische Mythen, die ältesten?

GIRARD: Nun ja: Wir besitzen nur wenige Mythen aus diesen archaischen Gesellschaften, weil die abendländischen Forscher des 19. Jahrhunderts eine schwierige Aufgabe zu bewältigen hatten. Es war nicht leicht, Ureinwohner dazu zu bringen, ihre Mythen in verständlicher Weise zu erzählen. Doch hatten einige Leute dafür eine ausgesprochene Begabung, und so haben wir jetzt genügend Mythen zusammen, um zu erkennen, dass sie alle Sündenbockgeschichten sind. Sie sind alle missverstandene Sündenbockgeschichten.

HARRISON: Nehmen wir einmal einen speziellen Mythos. Der Ödipus-Mythos war von gewaltiger Bedeutung für Freud. Er baute darauf eine ganze Theorie über das Unbewusste auf. Sie haben, was diesen Mythos anbelangt, Ihre eigene Lesart. Es steht am Anfang genau die mimetische Krise, die Sie eben beschrieben haben. Da gibt es eine Pest …

GIRARD: Da raste eine Pest, wie ja auch die Tragödie sie schildert. Da gab es wahrscheinlich zudem noch ein heiliges Königtum, in dem der König ein Gott war. Deshalb musste er auch schuldig werden wie ein König. Er musste Inzest und Vatermord begehen. Er musste alle möglichen Verbrechen begehen. Zu Beginn der Kolonisierung konnten wir selber beobachten, dass es auf afrikanischem Boden heilige Königtümer gab, in denen sich vieles so verhielt wie im Ödipus-Mythos. Wenn da einer zum König ernannt wurde, drängte man ihn, Inzest mit seiner Schwester oder seiner Mutter zu begehen, und sagte ihm, er müsse dies tun, um ihrem Volk genügend Furcht einzujagen, dass dieses glaubte, er sei sowohl eine Gefahr und ein Erlöser, wie das bei mythischen Helden eben der Fall ist.

HARRISON: Nun, hier bekommt man eine Ahnung, wie Sie eine recht eigenwillige Hermeneutik einsetzen, um den antiken Texten und den archaischen Mythen zu Leibe zu rücken, mit denen Sie sich befassen. Glaubt man Ihnen, sind diese Mythen Verzerrungen irgendeines Ur-Ereignisses. Sie haben die Kraft zu offenbaren, was da sein Wesen treibt. Archaische Gesellschaften gründeten auf diese Verbindung zwischen der Gewalt und dem Heiligen ... hier verwende ich den Titel Ihres Buches *La violence et le sacré* (dt. Die Gewalt und das Heilige, 1994), das ich hier vor mir liegen habe. Darin schreiben Sie, Gewalt sei in den antiken Gesellschaften eine notwendige Form des Heiligen gewesen. Sie habe diese aber in einer Weise zusammengebracht, dass die Gesellschaften fähig geworden seien, diese Krisen zu überleben.

GIRARD: Das ist richtig.

HARRISON: Gesellschaften haben ihre mimetischen Krisen überlebt, indem sie kontrollierte und ritualisierte Gewaltakte vollführten, die das Kollektiv davor bewahrten, sich selbst zu kannibalisieren.

GIRARD: Und es gibt Beweise, dass das Ganze funktioniert. Selbst ein so intelligenter und moderner Kopf wie Aristoteles meinte, dass der tragische Held, der am Ende getötet wurde, im Grunde schuldig war. Mit anderen Worten, *hamartia*[1] bezeichnet eine mythische Schuld – die niemand je wirklich identifiziert hat. Es ist eine Schuld wie jene des Ödipus.

HARRISON: Lassen wir einmal diesen Begriff von *hamartia* oder Schuld im Zusammenhang mit den alten antiken Mythen so stehen und wenden wir unsere Diskussion der hebräischen Bibel zu. Ihnen zufolge ist die hebräische Bibel der Beginn einer Demystifikation des Mythos, und es liegen dort die gewaltsamen Ursprünge des Heiligen.

GIRARD: Der hierfür relevante Text in der jüdischen Bibel ist der zweite Teil des Jesaja-Buches, genannt ›Zweiter Jesaja‹

oder ›Deuterojesaja‹, der viel später entstand als der erste Teil. Im Deuterojesaja stehen die bekannten Gottesknechtslieder. Der Gottesknecht ist ein sehr guter Prophet, doch ist er sehr schwach. Er wird als ein Personentyp geschildert, der in seiner Gesellschaft stets unbeliebt ist, ein Mensch, gegen den die Leute ihren Zorn wenden, und das ohne Grund. Am Ende wird er vom ganzen Volke getötet, in einer Art Lynchakt, der als ein Modell für die Passion Christi verstanden wurde. Andere würden vielleicht behaupten, dies sei eigentlich gar kein Modell – doch *handelt* es sich um den gleichen Vorgang. Hier kippt die Mythologie, hier wird offengelegt, worum es in der Mythologie geht, zum ersten Mal wird ein Mythos nicht als Mythos behandelt – mit anderen Worten: Hier wird von Leuten berichtet, die fehlhandeln, indem sie nicht verstehen, dass das Opfer unschuldig ist, indem sie das Opfer für schuldig halten.

Das Opfer, so stellt es der Text dar, wird vom ganzen Volke gehasst und von Leuten getötet, die damit einen Fehler begehen. Ähnlich liegen die Dinge in den Evangelien. Wenn Jesus sagt: »Vater, vergib ihnen, sie wissen nicht, was sie tun«,[2] müssen wir diese Aussage wörtlich nehmen. Es sind keine Worte des Mitleids, keine Worte der Nettigkeit gegenüber jenen armen, fanatisch verwirrten Menschen oder dergleichen. Ihr Handeln offenbart, was tatsächlich der Fall ist. Diese Leute glauben wirklich, dass die Sündenböcke schuldig seien.

Petrus sagt, als er zu einer Menge in Jerusalem spricht: »Ihr seid nicht so schuldig, wie ihr jetzt meint, dass ihr es wäret. Zuvor dachtet ihr, unschuldig zu sein, weil für euch euer Opfer schuldig war. Nun werdet ihr meinen, dass ihr schuldig seid«. So etwas passiert immer wieder.

Ihr müsst euer Verhalten ändern. Ihr sollt euch nicht mehr gegen die Opfer zusammenrotten, wie ihr es in der Vergangenheit getan habt. Eine Welt steht uns bevor, in der diese Art Wahrheit sichtbar sein wird. Es wird eine viel schwierigere, aber auch eine viel bessere Welt sein.

HARRISON: Über die christlichen Schriften sollten wir gleich noch sprechen. Doch zuerst einmal zwei Geschichten aus der hebräischen Bibel. Das Opfer des Isaak …

GIRARD: Damit gehen wir natürlich zeitlich weit hinter den leidenden Gottesknecht zurück.

HARRISON: Das Opfer des Isaak. Es wäre mir lieb, wenn Sie etwas dazu sagen könnten, und auch zu der Geschichte von Joseph.

GIRARD: Interessanterweise bewegt sich das Geschehen in der Bibel stetig hin zu weniger Gewalt, es wird immer weniger archaisch. Der Anfang der Bibel ist noch sehr archaisch, und die Isaak-Geschichte hat fraglos den damaligen Brauch des Kindesopfers als Hintergrund.

Kindesopfer sind noch allgemein üblich, als Abraham den Ruf des Herrn hört. Ich deute die Erzählung ganz und gar nicht wie Kierkegaard,[3] der ja meint, Gott spiele dem Vater eine Art Streich, um seinen Gehorsam zu prüfen. Dies ist eine unglaublich moderne Lesart, die aber rein *gar nichts* mit dem archaischen Text zu tun hat. Wir wissen inzwischen, dass Menschenopferung – besonders die Opferung des Erstgeborenen – weiter verbreitet war, als wir früher dachten. Es gab übrigens eine ganze Menge davon auch in Nord- und Südamerika.

Hier haben wir ein höchst wichtiges Phänomen, das wir am Falle Isaak studieren können. Eine phantastische Sache. Vor uns liegt der einzige Text der Welt, der die Verschiebung von der Opferung eines Menschen, des Erstgeborenen, zu der Opferung eines Tieres dokumentiert. Isaak wird am Ende ersetzt, und der Text stellt dies als einen Akt Gottes dar. Die ganze Handlung der Bibel geht in diese Richtung, offenzulegen, dass das Sakrifiz mit Schuld behaftet ist, und anstelle des menschlichen wird ein geringeres Opfer herangezogen oder auch gar keines mehr.

HARRISON: Kann ein Tier die Rolle eines Sündenbocks annehmen?

GIRARD: Ein Tier kann in gewissem Maße die Rolle eines Sündenbocks annehmen. Wir können dies in unserer Welt beobachten. Nehmen wir einen Angestellten, der zu seiner Arbeit geht und von seinem Chef schlecht behandelt wird; er hat Angst um seinen Job und unternimmt daher nichts. Doch wenn er nach Hause kommt und richtig wütend ist, tritt er seinen Hund. Wenn er noch wütender ist, schlägt er sein Kind. Und wenn er sich in einen regelrechten Wutwahn steigert, misshandelt er seine Frau. Der sakrifizielle Instinkt in uns ist so offensichtlich, dass es uns, wie wir sagen, irgendwie zum Lachen bringt. Doch wäre das ein finsteres Lachen. Die sakrifiziellen Hierarchien sind in unserer Psychologie gegenwärtig. Und sie sind natürlich Reaktionen auf Wut.

HARRISON: Sie meinen, wir können jeden Augenblick in diese Art archaischer Verhaltensformen zurückfallen?

GIRARD: Wir haben immer noch ein bisschen von ihnen in uns. Selbst wenn Sie nur einen Teller zerschlagen, gehen Sie praktisch zurück zum Opfern.

HARRISON: Wie sieht es aus mit der Geschichte um Joseph in der Bibel?

GIRARD: Dies ist eine der großartigsten Geschichten, weil Joseph ein Sündenbock ist.

Die Geschichte um Joseph ist faszinierend. Es gibt so viele Brüder, dass das Ganze wie eine Gemeinschaft funktioniert. Zwölf Brüder, und einer ist darunter, der von allen gehasst wird. Wir brauchen nicht zu versuchen, diesen Hass zu erklären. Es genügt zu sagen: ›Sein Vater liebt ihn, weil er besser ist, weil er intelligenter ist als seine Brüder, weil er sie dominiert.‹ So tun sich die übrigen elf zusammen, um ihn loszuwerden. Sie versuchen, ihn zu töten. Schließlich aber rät einer der elf, der etwas humaner ist als seine Brüder: »Verkaufen wir ihn doch als Sklaven.« So schicken sie ihn nach Ägypten. Und in Ägypten erleidet Joseph so in etwa das gleiche Geschick.

Er ist voller Talent, er ist ein aufgeweckter jüdischer Junge, und so gelangt er zu mächtigem Einfluss in dem Haushalt, in den er als Sklave gekommen war. Es handelt sich um den Haushalt des Potiphar, eines hohen Hofbeamten des Pharaos. Und eines Tages will Frau Potiphar, die Gattin des Besagten, ihn zu Intimitäten drängen. Das schlägt jedoch fehl, weil Joseph an strikter Treue zu seinem Herrn festhält. Doch beschuldigt sie ihn, er habe versucht, Intimitäten mit ihr zu erzwingen, und so geht er ins Gefängnis. Er wird zum zweiten Mal in seinem Leben ein Sündenbock. Rettung bringt ihm – wie, wenn auch auf andere Weise, dem Ödipus – eine prophetische Gabe. Er kann die Zukunft voraussagen. Er hat zwei Träume, aus denen hervorgeht, dass eine große Hungersnot droht. Darum ernennt der Pharao ihn zum höchsten Minister von Ägypten. Es kommen sieben Jahre, während derer es reichliche Ernte gibt, und Joseph befiehlt, diese Ernten zu sammeln.

Während der Hungersnot kommen Menschen aus dem gesamten Nahen Osten, um Entlastung zu suchen. Unter ihnen sind auch seine Brüder. Joseph erkennt sie, doch sie erkennen ihn nicht, weil er ägyptische Kleidung trägt. Er ist jetzt ein unglaublich mächtiger Mann. Und er unterzieht sie einem Sündenbocktest. Er sagt, er wolle seinen jüngsten Bruder, den letztgeborenen, der ihm gleichwertig ist und Benjamin heißt, bei sich behalten und festsetzen. Und er verleumdet Benjamin. Er behauptet, dieser habe ihm einen Silberbecher gestohlen. Und so geht die Sache aus: Juda, der zuvor bereits Joseph mehr oder weniger gerettet hatte, erklärt: »Ich kann es nicht ertragen. Ich bleibe anstatt meines Bruders. Behalte mich, und lasse Benjamin gehen. Denn wenn Benjamin nicht zurückkehrt, wird unser alter Vater Jakob sterben.« Joseph geht dies so nah, dass er all seinen Brüdern vergibt.

In dieser Geschichte haben wir die gesamte Bewegung der Bibel hinsichtlich des Sündenbockmechanismus: Zu Beginn wird offenbart, wer der Sündenbock ist, dann stellt sich der Betreffende als solcher zur Verfügung, um die Wahrheit zu enthüllen, und schließlich wird das Sündenbocksystem abgeschafft. Es handelt sich hier um eine der schönsten Geschichten, die je geschrieben wurden, der ganze Geist des Judentums und der Christenheit ist in ihr gegenwärtig. Darum sagen die Christen, wenn sie eine schematische Sicht anlegen: »Diese Geschichte ist eine vollkommene Prophezeiung des Todes Jesu.«

HARRISON: René, ich möchte mich jetzt gern der Ära der Moderne zuwenden. Doch vorher noch ein, zwei Worte über die Rolle der christlichen Schriften in Ihrem Denken. Könnte man sagen, dass Sie die christlichen Schriften nicht als eine Halboffenbarung, sondern als eine vollständige Offenbarung des Sündenbockmechanismus in den alten Religionen verstehen? Und dass sich dadurch, dass Jesus zum Sündenbock gemacht und gelyncht wurde, sich endlich offen die gewaltsamen Ursprünge der vorangegangenen Religionen enthüllten?

GIRARD: Lassen Sie mich ein Beispiel nennen. Kurz vor seiner Passion fragt Jesus die Leute, die bei ihm sind: »Warum erklärt ihr mir diesen Satz nicht?« Der Satz, um den es geht, steht in Psalm 118: »Der Stein, den die Bauleute verworfen haben, ist zum Eckstein geworden.« Nun sage mir noch einer, dass der Sündenbock nicht die Grundlage der Gesellschaft sei – in dem Satz ist doch genau davon die Rede. Die Leute, die Jesus zuhörten, wussten keine Antwort auf diese Frage. Die Theologen haben sich in allem möglichen Griechenkram vergraben, doch haben sie diese Frage auch nicht beantwortet. Oder fragen Sie einen Theologen, warum im Johannesevangelium Kaiphas sagt: »Es ist uns besser, ein Mensch sterbe für das Volk, denn dass das ganze Volk verderbe.« Diese Zeile gilt als prophetisch. Warum, wenn das Sündenbockprinzip nicht bedeutsam wäre für die menschliche Kultur und Religion? In der Bibel finden sich solche Bezüge haufenweise. Die großen Parabeln handeln von nichts anderem. Nehmen wir etwa das Gleichnis von den mörderischen Weinbauern. Der Herr des Weinbergs schickt immer wieder Boten zu ihnen; sie töten diese und sagen unter sich: »Wenn wir jene getötet haben, sind wir die Herren unserer eigenen Welt. Wir gründen uns etwas Eigenes.«

HARRISON: In der orthodoxen christlichen Theologie wird die Opferung Christi am Kreuz als Akt der Erlösung wahrgenommen. Ich vermute einmal in Ihrem Sinne, dass dort am Kreuz weniger eine Erlösung stattfindet als vielmehr eine Offenbarung dessen, was Sie ›den Skandal‹ nennen, das *skandalon.* Was antworten Sie den Theologen, die Sie fragen: ›Wo bleibt denn bei Ihnen der Heilsaspekt?‹

GIRARD: Sollen die mir doch sagen, worin die Erlösung liegt. Ich glaube an diese ja genau wie sie, doch haben sie sie bisher noch nicht erklärt. Und mit dem, was Sie da ansprechen, sind Sie, wissen Sie, bei der Theorie des heiligen Anselm von Canterbury aus dem 12. Jahrhundert.

HARRISON: Und ebenso bei Paulus.

GIRARD: Ich weiß. Doch verfährt Paulus ganz anders. Kein Zweifel: Wenn man sich die Kirche anschaut, gibt es bei ihr viel Unklares und Dunkles. Eine offizielle Theorie der Erlösung, eine Theorie darüber, wie das Kreuz wirkt, wird man bei ihr nicht finden. Dann darf man aber auch Vermutungen anstellen und versuchen, sie zu verstehen. Natürlich formuliere ich dabei nur das, was von der menschlichen Seite des Ganzen begriffen werden kann. Verstehen Sie, was ich meine? Doch ist Theologie nicht mein Fach, mein Gebiet ist die Anthropologie der Religion.

HARRISON: Ja, genau.

GIRARD: Und ich denke, dass Theologen und Anthropologen gleichermaßen den Fehler begangen haben, nicht zu begreifen, dass sie über dasselbe reden, nur in verschiedenen Sprachen.

HARRISON: Jetzt ein weiter Sprung nach vorn in der Zeit, hin zu Friedrich Nietzsche. Der bewirkt im 19. Jahrhundert eine gewaltige Änderung der Sichtweise innerhalb der westlichen Kultur, besonders mit dem Krieg, den er gegen das Christentum entfesselte, etwa in seinem Buch *Der Antichrist*. Seine denunziatorische Darstellung des Christentums als Sklavenreligion fußt auf einer Psychologie von Ressentiment und Frustration. Sie haben viel über Nietzsche gearbeitet und haben eine sehr interessante Beziehung zu ihm, denn Ihnen zufolge ist er nicht einfach nur fehlsichtig und verrückt in seinen Erkenntnissen. Vieles von dem, was er sah, halten auch Sie für wichtig.

GIRARD: Stimmt. Er liegt so falsch, dass er irgendwie fast schon wieder recht hat.

HARRISON: Und wo liegt er hauptsächlich falsch?

GIRARD: Da uns inzwischen dank der italienischen Verleger Colli und Montinari das Gesamtwerk Nietzsches vorliegt, ist uns auch diese Zeile überliefert: »Dionysos und Jesus – der gleiche Tod, der gleiche kollektive Tod.«

Nun lehnt das Christentum das Opfern aber ab, will nicht, dass jemand zu Tode kommt, während Dionysos dies sehr wohl akzeptiert. Daher ist Dionysos Leben. Wäre Nietzsche wirklich aufrichtig, würde er sagen: »Dionysos *ist* die Menge, von der ich spreche. Dionysos liegt in dem Lynchgebaren dieser Menge, was ihn zur Religion der Sklaven par excellence macht.« Wir wissen recht gut, dass eine weitgehende Zerstörung des antiken Gesellschaftssystems mehr oder weniger dafür sorgte, dass Dionysos erfunden oder neu entdeckt wurde. Dionysos *ist*, par excellence, die Religion der Menge.

Nietzsche verdrehte hier etwas, weil er das Christentum so sehr hasste. Doch befand sich dieser Hass so nahe an tiefer Liebe, dass er immer über die richtigen Themen spricht. Sehr oft verdreht er eine Lösung auf eine Art, die völlig offensichtlich ist. Heute gibt es sehr wenige Leute, die Christen sind. Das Christentum war nie die Religion der Elite in dem Maße, wie es das heute ist.

Besonders in Europa gibt es sehr wenige Menschen, die sich trauen, für das Christentum einzutreten. Und das Christentum ist mehr oder weniger die Religion der Leute, die den Lynchmob verurteilen, den Nietzsche letzten Endes akzeptiert und glorifiziert.

HARRISON: Zu der Zeit, da er in Turin zusammenbrach, schrieb er ein paar Briefe von brillanter Luzidität, und doch wirken sie verrückt. Einige unterzeichnete er mit ›Dionysos‹, andere mit ›Der Gekreuzigte‹.

GIRARD: Ich halte das für sehr wichtig. Man muss es im Detail analysieren. Doch haben wir meiner Meinung nach letztendlich den Kollaps seines Systems vor uns. Da hat er nun den großen Gegensatz zwischen Jesus und Dionysos aufgebaut, wobei seine Sympathien bei Letzterem lagen. Und jetzt, am Ende, kracht das Ganze in sich zusammen, und die beiden werden gleichwertig. Dies aber kann Nietzsche nicht ertragen und fällt buchstäblich in die Hände des lebendigen Gottes – ein sehr gefährliches Schicksal, wie gerade die Juden wohl wissen.

Doch habe ich tief in mir das Gefühl, dass Nietzsche gerettet ist, weil er über seine luziden Gedanken hinausdenkt. Und das tut er genau in jenem Augenblick, da er umschwenken kann. Mit anderen Worten: Seine ganze Welt bricht zusammen. Der ganze Ehrgeiz seines Lebens, könnte man sagen, bestand darin, zu demonstrieren, dass Dionysos Christus überlegen sei. Dann kam der besagte Moment, und er kollabierte.

HARRISON: Im Jahre 1966 gab ein anderer deutscher Denker, Heidegger[4], dem deutschen Wochenmagazin *Der Spiegel*[5] ein Interview. Darin befragte man ihn nach seinen politischen Standpunkten und seinen Ansichten über die moderne Technik und den sogenannten modernen Nihilismus, die Kräfte des Nihilismus. Das Wort ist auch Ihnen lieb und teuer – obwohl sie es ganz anders verstehen als Heidegger. An einer Stelle fragen ihn die Interviewer: »Was also können die Philosophen tun, um den Nihilismus auszugleichen, was können sie tun gegen die destruktiven Kräfte der Technik und für die Rehumanisierung der Politik und der Welt, und so weiter?« Und Heidegger antwortet, die Philosophen könnten gar nichts tun, überhaupt kein Mensch könne etwas tun. »Nur ein Gott …«

GIRARD: »… nur ein Gott …«

HARRISON: »… kann uns retten.«

GIRARD: Und genau das, was die moderne Welt ja bestimmt nicht hervorbringen wird, ist ein neuer Gott. Heidegger versichert hier, dass Judentum und Christentum sozusagen das Erbe der archaischen Götter nicht zerstört haben. Mit anderen Worten: Die Lüge, die es ist, wurde nicht offengelegt. Da sie nicht offengelegt wurde, könnte es neue archaische Götter geben. Dies meinte Heidegger. Wenn es keine archaischen Götter mehr geben kann, bedeutet dies, dass uns die Sakrifizien fehlen. Es bedeutet: Wenn wir fortfahren, so gewalttätig zu sein, wie wir es sind, droht uns die Zerstörung der Welt.

HARRISON: Finden Sie das gut?

GIRARD: Es geht hier nicht um gut oder nicht gut. Die christlichen und jüdischen Dokumente enthalten viel apokalyptisches Material, in dem nicht davon die Rede ist, dass Gott die Welt zerstört, wie die Fundamentalisten glauben, sondern davon, dass die Menschen selbst die Welt zerstören.

Liest man die längeren apokalyptischen Passagen der Evangelien, die viel wichtiger sind als die Apokalypse des Johannes, erkennt man, dass wir in einer Welt leben, die immer gewalttätiger wird, die sich selbst zerstören wird. Und die Verantwortung hierfür trägt nicht Gott, auch wenn wir das heutzutage oft hören. Mit diesen Texten sollten wir uns wieder mehr befassen. Es ist ein großer Fehler der Kirchen, dass sie nicht über diese Texte reden.

HARRISON: Dann zwei Fragen. Heidegger sagt: »Nur ein Gott kann uns retten.« Lautet Ihre Antwort: Nur wir selbst können uns retten?

GIRARD: Nur wir selbst können uns retten. Ich bin viel mehr ein Humanist, als er es war.

HARRISON: Und welche Leitlinie würden Sie für diese Art Selbsthilfe vorschlagen, damit wir uns selbst retten können?

GIRARD: Jene, die Grundlage der Evangelien bildet, nämlich Nicht-Vergeltung, nämlich Frieden. Wenn Sakrifizien nicht mehr zu Verfügung stehen, um den öffentlichen Frieden wiederherzustellen, muss man es selber tun, und wir kennen das Verfahren. Es ist ein sehr schwieriges Verfahren. Es ist Nicht-Vergeltung. Es sind die Regeln, die in den drei synoptischen Evangelien zu Regeln des Königreichs Gottes erklärt werden.

HARRISON: Der andere Aspekt des Heidegger'schen Diktums »Nur ein Gott kann uns retten« besagt, dass wir in einer Welt leben, die völlig entheiligt ist. Ein solcher Gott würde eine gewisse Dimension des Heiligen wieder fördern.

GIRARD: Ja.

HARRISON: Sie glauben also, dass die Menschen sich in einer Welt ohne Sakralität wohler fühlen würden?

GIRARD: Nein, nein. Aber …

HARRISON: … ohne jede Dimension des Heiligen?

GIRARD: Warten Sie einen Moment, weil …

HARRISON: Und ist das Heilige ohne Gewalt zu haben?

GIRARD: Nun, das Wort ›heilig‹ möchte ich lieber nicht verwenden. Aber um Ihre Frage zu beantworten: Ja. Und diese wahrhafte ›Göttlichkeit‹, dieses wahrhaft Sakrale wird aus der Entheiligung selbst kommen. Die Sakralisierung, zu der Heidegger auffordert, wäre eine Rückkehr zum Archaischen, und das weiß er. Daher weiß er auch genau, dass sie unmöglich ist. Die Moderne ist von sich aus nicht schlecht, wie Heidegger meint. Sie ist dank der Schlechtigkeit der Menschen schlecht geworden. Doch ist sie an sich eine gute Sache. Sie ist eine gute Entwicklung. Sie hat dem Menschen mehr Einsichten, mehr Humanität beschert: Trotz all der schlimmen Aspekte dieser Welt, die nicht zu leugnen sind, ist unsere Welt, auch das lässt sich nicht leugnen, in vielfacher Hinsicht die beste, die wir je kennenlernen durften. Daher ist es *diese* Welt, die gerettet werden muss. Gerettet werden kann sie aber, wie Sie eben sagten, nur von Menschen, die miteinander klarkommen.

HARRISON: Nun, das ist leicht gesagt, doch wenn …

GIRARD: Moment, ich sage nicht: ›Es ist leicht zu machen.‹ Wahrscheinlich passiert es ja auch gar nicht.

HARRISON: Mit was für Rezepten würden Sie aufwarten?

GIRARD: Es kann keinerlei Rezept geben. Es kann keinerlei Rezept geben, denn darin liegt der Grund, dass die Evangelien mit Gottes Königreich beginnen, dem Angebot von

Gottes Königreich und dem Versuch, die Menschen zu überzeugen, dass sie nicht mehr Vergeltung üben sollen.

HARRISON: Sind die christlichen Evangelien wesentlich für Ihr Bild von Menschen, die in der Lage sind, sich selbst zu retten? Oder lassen sich die gleichen Ergebnisse auch unabhängig von diesem speziellen Textkorpus erreichen?

GIRARD: Zu diesem Textkorpus gehören die jüdische Bibel, die Propheten und die christlichen Evangelien, die nun wirklich unverzichtbar sind. Was wir brauchen, ist die Ergänzung der theologischen durch eine anthropologische Interpretation, um ihre Implikationen für das menschliche Leben verständlich zu machen. Sehr schwierig, das Ganze, weil die Leute an solchen Bemühungen nicht interessiert sind, sie versuchen sie abzuwehren. Meiner Meinung nach regen sich hier echtes Unbewusstes, echte Schutzmechanismen – die Weigerung, sich der eigenen Gewaltsamkeit bewusst zu werden. Besonders deutlich zeigt sich dies natürlich bei inländischen Beziehungen und internationalem Verkehr, wo die jeweils andere Gruppe oder Nation immer gut ist für Beschimpfungen, Diffamierungen und Sündenbockmacherei.

Das gilt immer noch in allen Ländern. Wahrscheinlich ist das heutige internationale Leben das wichtigste Erscheinungsgebiet subtiler Gewalt. Die Erfahrungen, die man dort machen kann, zeigen uns dies auf das absolut Wunderbarste. Wenn ich heutzutage in Frankreich bin, muss ich die Irak-Krise so behandeln, als wäre jeder einzelne Amerikaner schuld an ihr. Wenn ich heutzutage in Amerika bin, muss ich jeden Franzosen behandeln, als wäre er ein Verräter an Amerika.

HARRISON: Was meinen Sie: Ist die Aufklärung aus jenen Traditionen erwachsen, von denen wir sprachen?

GIRARD: Ja, natürlich. Es ist eine komplexe Entwicklung. In der Aufklärung meinen die Leute zu erkennen, dass vieles am Christentum gar nicht spezifisch Religiöses, sondern die Schaffung guter zwischenmenschlicher Beziehungen betrifft. Sie sind überzeugt davon, dass sie diese Beziehungen selber etablieren können, und zwar einfach aus dem Grunde, weil Menschen ›gut‹ sind und ›guten Willen‹ haben. Aus dem gleichen Grunde verstehen wir die Anthropologie nicht so, wie sie heute wirklich ist. Weil wir glauben, dass die Aufklärung, die Entdeckung des Gutseins des Menschen, *gegen* die Religion stattfinden müsse, die ihn immer am Gutsein gehindert habe. In Wahrheit haben die Aktivitäten der Religion es erst ermöglicht, die Aufklärung zu erreichen. Deswegen erscheint der besagte Kampf unnötig. Und bis zu einem gewissen Grad ist er auch unnötig. Wir verstehen heute, dass es verrückt ist, Leute zu opfern. Und Ersatzopfer? An die können wir nicht glauben.

Die Aufklärung sagt: »Menschen brauchen das nicht. Menschen sind gut. So lasst sie denn gut sein. Religion ist diesem Gutsein ein echtes Hindernis.« Die Aufklärer sehen einiges ganz richtig. Und doch sehen sie einiges falsch, weil sie die historische Entwicklung vor dieser Zeit nicht erkennen, und sie verstehen nicht, dass die Menschen den Stand, an dem sie jetzt sind, unter anderem deshalb erreicht haben, weil die Praxis des Opferns sie sehr langsam besser gemacht hat. Tatsächlich sollten sie vom Opfern wegkommen, aber nicht in einem antireligiösen Geist. Sie hegen eine riesige Illusion über ihr eigenes Gutsein.

HARRISON: Doch wenn es stimmt, dass wir selbst unsere eigene Rettung bewirken müssen, dass Menschen die Verursacher der sozialen und existentiellen Leiden sind, die uns heimsuchen, dann war doch die Aufklärung in vielfacher Hinsicht ein Aufruf zu dieser Art Eigenverantwortung, oder nicht?

GIRARD: Ja. Und das ist gut so. Zweifellos hatte Voltaire[6] recht mit seiner Bemerkung während der Verfolgung des Jean Calas[7], er sei christlicher als seine christlichen Gegner. Dies lässt sich nicht leugnen. Alle Kirchen sind jetzt so weit, bestimmte Irrwege nicht mehr zu gehen. Wir müssen sehr achtgeben, dass wir nicht in vorschnellen eindeutigen Kategorisierungen denken. Geschichte ist eine sehr schwierige Disziplin.

Zu dieser Ausgabe

»Konflikt« erschien zuerst unter dem Titel »Conflict«, in: *Stanford Magazine* (Winter 1986) S. 60. – Übersetzung mit freundlicher Genehmigung des René Girard Estate, Martha Girard.

»Über Krieg und Apokalypse« erschien zuerst unter dem Titel »On War and Apocalypse«, in: *First Things* 2009 (https://www.firstthings.com/article/2009/08/on-war-and-apocalypse). – Übersetzung mit freundlicher Genehmigung von Lauren Wilson Geist.

»Gewalt und Religion: Ursache oder Wirkung?« erschien zuerst unter dem Titel »Violence and Religion: Cause or Effect?«, in: *The Hedgehog Review*, 22. 3. 2004, S. 8–20. – Übersetzung mit freundlicher Genehmigung von Leann Davis Alspaugh.

»Opfer, Gewalt und Christentum« wurde von René Girard am 5. 11. 1997 unter dem Titel »Violence, Victims and Christianity« als *The D'Arcy Lecture* gehalten. – Übersetzung mit freundlicher Genehmigung des René Girard Estate, Martha Girard.

»Ein totalitärer Prozess« (1) und »Vergeltung« (2) erschienen zuerst in: René Girard, *Job. The Victim of His People*, Stanford (CA) 1987. S. 111–117 (1) und S. 118–123 (2). – Übersetzung mit freundlicher Genehmigung des René Girard Estate, Martha Girard.

»Warum kämpfen wir? Und wie hören wir auf?« erschien zuerst als Interview des Literaturwissenschaftlers und Kulturjournalisten Robert Harrison mit René Girard unter dem Titel »Why Do We Fight? How Do We Stop?« in der Sendung *Entitled Opinions*, 4. 10. 2005, des Studierendenradiosenders der Stanford University (https://entitledopinions.stanford.edu/ren-girard-why-we-want-what-we-want). – Übersetzung mit freundlicher Genehmigung von Robert Harrison.

»Nachwort«: Cynthia L. Haven, »Wir streiten, weil wir gleich sein wollen: Wie eine paradoxe Einsicht Karriere macht«, übers. von Angela Schader, in: *Neue Zürcher Zeitung*, 22. 11. 2019, S. 22. – Mit freundlicher Genehmigung der *Neuen Zürcher Zeitung*.

Anmerkungen

Konflikt (1986)

1 *Ayatollahs:* Ehrentitel für islamische schiitische Rechtsgelehrte, ab den 1970er Jahren politisiert.

Über Krieg und Apokalypse (2009)

1 *Mimesis*: gr. ›Nachahmung‹.
2 *Urmordes:* Anspielung auf Sigmund Freuds (1856–1939) Theorie des Urvatermordes. Freud postuliert einen übermächtigen Vater, der alle Frauen für sich behalten wollte und deswegen von seinen Söhnen umgebracht und verspeist wurde: »Die Religion des Totem umfaßt nicht nur die Äußerungen der Reue und die Versuche der Versöhnung, sondern dient auch der Erinnerung an den Triumph über den Vater. Die Befriedigung darüber läßt das Erinnerungsfest der Totemmahlzeit einsetzen, bei dem die Einschränkungen des nachträglichen Gehorsams wegfallen, macht es zur Pflicht, das Verbrechen des Vatermordes in der Opferung des Totemtieres immer wieder von neuem zu wiederholen, so oft der festgehaltene Erwerb jener Tat, die Aneignung der Eigenschaften des Vaters, infolge der verändernden Einflüsse des Lebens zu entschwinden droht.« (Sigmund Freud, *Totem und Tabu*, Stuttgart 2016, S. 197.)
3 *Krieg ist ... der Vater:* Zit. nach: *Die Vorsokratiker*, Stuttgart 2021, S. 265.
4 *Liddell Hart:* Basil H. Liddell Hart (1895–1970), berühmter britischer Militärhistoriker.
5 *Raymond Aron:* Raymond Claude Ferdinand Aron (1905–1983), französischer Philosoph und Soziologe.
6 *ein Akt ... führen muss:* Zit. nach: Carl von Clausewitz, *Vom Kriege*, Stuttgart 1994, S. 20.
7 *Seit Anbeginn der Welt verborgen geblieben:* vgl. Girard, *Des choses cachées depuis la fondation du monde*, Paris 1978 (dt. *Das Ende der Gewalt. Analyse des Menschheitsverhängnisses*, Freiburg 2009).

8 *welche keiner ... gekreuzigt:* 1. Kor 2,8.
9 *Deceit, Desire and the Novel:* wörtl. ›Täuschung, Sehnsucht und der Roman‹ (dt. *Figuren des Begehrens, Das Selbst und der Andere in der fiktionalen Realität,* 1999).
10 *Schläferzellen:* von terroristischen Netzwerken unterstützte Gruppen, die sich in Gesellschaften als normal-unauffällige Mitglieder einnisten, um oft nach sehr langer Wartezeit plötzlich und unerwartet zuzuschlagen.
11 *Pascal:* Blaise Pascal (1623–1662), französischer Mathematiker und Philosoph, vgl. dessen *Lettres* (Nr. 12): »Das ist ein seltsamer und langwieriger Krieg, wenn die Gewalt versucht die Wahrheit zu unterdrücken.« (*Pascals Briefe an einen Freund in der Provinz,* Berlin 1841, S. 251.)
12 *Schlacht bei Poitiers:* Im Oktober 732 besiegten die Franken unter Führung von Karl Martell (um 688/691–741) die muslimischen Araber bei ihrem Vorstoß nach Westen.
13 *Violence and the Sacred*: La Violence et le Sacré, Paris 1972 (dt. *Das Heilige und die Gewalt*, Frankfurt a. M. 1992.

Gewalt und Religion: Ursache oder Wirkung? (2004)

1 *Auguste Comte:* Isidore Marie Auguste François Xavier Comte (1798–1857), französischer Mathematiker, Philosoph und eine der wichtigsten Gründerfiguren der modernen Soziologie. In seinem Drei-Phasen-Gesetz folgen in jeder Gesellschaft drei Phasen aufeinander: »kindliche« Religion, »jungenhafte« Metaphysik und »männliche« positive Wissenschaft.
2 *Jean-Pierre Dupuy:* *1941, französischer Ingenieur und Philosoph, lehrt in Stanford.

Opfer, Gewalt und Christentum (1997)

1 *Voltaire:* Pseudonym von François-Marie Arouet, 1694–1778, französischer Philosoph und Schriftsteller.

2 *Candide: Candide ou l'optimisme* (dt. *Candide oder der Optimismus*, 1759) Roman von Voltaire, der sich realitätsgesättigt und satirisch gegen die Ansicht des Philosophen Gottfried Wilhelm Leibniz (1646–1716) wendet, wir lebten in der besten aller möglichen Welten.

3 *beim heiligen Petrus ... Verleugnungen:* Petrus hatte Jesus versichert, ihn niemals zu verleugnen – und tat dies gleich drei Mal (vgl. Mat 26, 69–75).

4 *bei Paulus ... Damaskus:* vgl. Apg 22,6–11.

5 *Sommernachtstraum:* vgl. das Ende des dritten Aufzuges von William Shakespeares (1564–1616) *Sommernachtstraum* (*A Midsummer Night's Dream*; 1595/96, gedruckt 1600), in dem Puck alle Zauberei rückgängig macht.

6 *Aber Ihr ... erwürgen wird:* William Shakespeare, *Anthony and Cleopatra, Antonius und Cleopatra*, Stuttgart 1992, S. 89.

7 *das, was ... erweisen:* Ebd.

8 *Verkauft ... jedes Kauf:* William Shakespeare, *Was ihr wollt*, Stuttgart 2014, S. 80.

9 *Lord Keynes:* John Maynard Keynes (1883–1946), einflussreicher britischer Wirtschaftstheoretiker (s. etwa sein: *Das Ende des Laissez-Faire*, Stuttgart 2020).

10 *Tocqueville:* Alexis Charles-Henri-Maurice Clérel de Tocqueville (1805–1859), französischer Politiker, Publizist und Historiker, besonders einflussreich durch sein *De la démocratie en Amérique* (dt. *Über die Demokratie in Amerika*, 1835/40).

11 *Gesellschaftsvertrag:* Um der Bedrohung eines Krieges aller gegen alle im Naturzustand zu entgehen, schließen die Menschen miteinander einen Vertrag und gründen eine Gesellschaft, die Schutz für alle gewährleistet, jedoch auf der Grundlage, dass jeder Einzelne auf Teile seiner Macht und Selbständigkeit verzichtet (Thomas Hobbes, *Leviathan*, 1651).

12 *Ich bin ... Schwert:* Mat 10,34.

Ein totalitärer Prozess (1987)

1 *Vorbemerkung der Herausgeberin:* Damit das Sündenbockverfahren gelingen kann, muss in der gesamten Gemeinschaft Einmütigkeit darüber herrschen, dass die Angeklagten schuldig sind. Sogar die Opfer müssen ihrer eigenen Vernichtung begeistert zustimmen, eine Strategie, die die moderne Propaganda vorwegnimmt.
Was geschieht, nachdem die Opfer verurteilt, getötet, weggesäubert wurden? Sie sind ›verschwunden‹. Die Erinnerung an sie versteht man als potentielle Ursache für eine Vergiftung der Gesellschaft.
Die beiden wirkungsstarken Essays Girards »Ein totalitärer Prozess« und »Vergeltung« aus seiner Schrift *Job. The Victim of His People* (dt. *Hiob. Ein Weg aus der Gewalt*) bieten eine zeitgenössische und überraschende Deutung moderner Schauprozesse und das Wiederauftauchen der Sündenbockmechanismen in Terrorismus und Totalitarismus.
Es empfiehlt sich, für die Lektüre dieser beiden Essays vorab das Buch Hiob aus dem Alten Testament sowie die *Antigone* des Sophokles zu lesen.

2 *Transzendenz:* Girard unterscheidet zwischen vertikaler und abgeleiteter Transzendenz. Die erstere beschreibt göttliche Transzendenz, die letztere bezieht sich auf das Verlangen danach, sich das Wesen eines anderen anzueignen, d. h., das Modell eines Begehrens zu werden. Girard unterstreicht, dass eine Leugnung Gottes Transzendenz nicht eliminiert, sondern sie aus dem Oben in das Unten umlenkt: Die Imitation Christi wird zur Imitation unseres Nachbarn (vgl. *Deceit, Desire and the Novel*, Baltimore/London 1976, S. 59). In der menschlichen Gesellschaft schafft die Einheit, die Ergebnis des Sündenbockeffekts ist, eine vorübergehende Euphorie, die durch die Mechanismen des Wunsches nach Nachahmung geschaffen wurde.

3 *drei Freunde Hiobs:* Nachdem die drei, Eliphas von Theman, Bildad von Suah und Zophar von Naema, von Hiobs Leid erfahren haben, suchen sie ihn auf (vgl. Hiob 2,11). Hiob schweigt sieben Tage und verflucht im Anschluss sein Schicksal. Das Streitgespräch zwischen den drei Freunden und Hiob findet sich in Hiob 4 ff.

4 *Elihu:* Seine Gegenrede findet sich in Hiob 32–37.

5 *Lynchern:* lynchen, widerrechtliche Verurteilung und Hinrichtung ohne richterliches Urteil, Lynch- bzw. Selbstjustiz (als Namensgeber wird meist Charles Lynch, 1736–1796, angegeben, der willkürlich Recht sprach und im Amerikanischen Unabhängigkeitskrieg wütete).

6 *Polyneikes:* in der Mythologie ein Sohn des Ödipus und der Iokaste, der von seinem Vater für sein Fehlverhalten verflucht wird.

7 *ihrem Ungehorsam:* Antigone verletzt die Weisung des Herrschers Kreon, Polyneikes nicht zu bestatten (dieser hatte als Verbannter gegen die Stadt Krieg geführt und so sein Recht auf eine würdige Bestattung verwirkt). Trotz des Verbots lässt sie ihren Bruder dem Ritus entsprechend begraben.

8 *wie ... bei Plautus:* Hauptfiguren einer Verwechslungskomödie um Zwillinge, die voneinander getrennt aufwachsen, sich aber wiederfinden und gemeinsam Haarsträubendes erleben.

9 *Polis:* griechischer Stadtstaat, hier übertragen: die gesamte Gemeinschaft, das gesamte Land.

Vergeltung (1987)

1 *Vorbemerkung der Herausgeberin:* s. Anm. 1 zu »Ein totalitärer Prozess«.

2 *[Sein schlimmes ... Osten.]:* alternative Übersetzung von Hiob 18,20.

3 *Weissagungen über Laios:* dass er von seinem Sohn (also von Ödipus) getötet werden würde.

Warum kämpfen wir? Und wie hören wir auf? (2005)

1 *hamartia*: gr. ›das Ziel verfehlen‹, bezieht sich auf den Fehler des Helden, der tragische Verwicklungen auslöst.

2 *Vater ... sie tun:* Luk 23,34.

3 *Kierkegaard:* Søren Aabye Kierkegaard (1813–1855), dänischer Philosoph, Vordenker des Existentialismus, vgl. dessen *Frygt og Bæven* (dt. *Furcht und Zittern*, 1843), eine Meditation in lyrischer Prosa über

die Kraft des Glaubens (die die Opferung durch Abraham ausdrücklich gutheißt).

4 *Heidegger:* Martin Heidegger (1889–1976), deutscher Philosoph in der Tradition der Philosophie Edmund Husserls, Wilhelm Diltheys und Søren Kierkegaards, rang um ein neues Weltverständnis.

5 *Der Spiegel*: Gemeint ist das *Spiegel*-Gespräch (von Rudolf Augstein und Georg Wolff) mit Martin Heidegger, »Der Philosoph und das Dritte Reich«, in: *Der Spiegel* 23 (1976) S. 193 ff., das nach Vereinbarung erst nach Heideggers Tod veröffentlicht wurde.

6 *Voltaire:* s. Anm. 1 zu »Opfer, Gewalt und Christentum«.

7 *Jean Calas:* 1698–1762, Voltaire hatte sich in seinem sehr einflussreichen *Traité sur la tolérance* (dt. *Über Toleranz. Aus Anlass des Todes von Jean Calas*) des europaweit hohe Wellen schlagenden Skandals angenommen und Calas' Rehabilitierung gefordert. Jener sollte angeblich seinen Sohn erwürgt haben, um ihn am Übertritt zum Katholizismus zu hindern: ein eindeutiges Fehlurteil (das Geständnis, das er sofort widerrief, wurde ihm unter der Folter abgezwungen). Calas wurde vor allem auf Betreiben Voltaires 1765 postum freigesprochen.

Literaturhinweise (Werke Girards)

Girard, René: Mensonge romantique et vérité romanesque. Paris 1961. (Dt.: Figuren des Begehrens. Übers. von Elisabeth Mainberger-Ruh. Wien/Münster ²2012.)

– A Theatre of Envy: William Shakespeare. Oxford / New York 1991. (Dt.: Shakespeare: Theater des Neides. Übers. von Wiebke Meier. München 2011.)

– Achever Clausewitz. Paris 2007. (Dt.: Im Angesicht der Apokalypse. Clausewitz zu Ende denken. Gespräche mit Benoît Chantre. Übers. von Stefanie Günthner. Berlin 2014).

– Anoréxie et desir mimétique. Paris 2008.

– Celui par qui le scandale arrive. Hrsg. von Maria Stella Barberi. Paris 2001.

– / Haven, Cynthia L.: Conversations with René Girard. Prophet of Envy. London 2020.

– Critique dans un souterrain. Lausanne 1976.

– Des Choses cachées depuis la fondation du monde. Paris 1978. (Dt.: Das Ende der Gewalt. Übers. von Elisabeth Mainberger-Ruh. Freiburg 2009.)

– Dostoïevski, du double à l'unité. Paris 1963.

– Je vois Satan tomber comme l'éclair. Paris 1999. (Dt.: Ich sah den Satan vom Himmel fallen wie einen Blitz. Übers. von Elisabeth Mainberger-Ruh. München 2002.)

– La Route antique des hommes pervers. Paris 1985. (Dt.: Hiob. Ein Weg aus der Gewalt. Übers. von Elisabeth Mainberger-Ruh. Zürich 1990.)

– La Violence et le Sacré. Paris 1972. (Dt.: Das Heilige und die Gewalt. Übers. von Elisabeth Mainberger-Ruh. Frankfurt a. M. 1992.)

– La voix méconnue du réel. Paris 2002 (Dt.: Die verkannte Stimme des Realen. Eine Theorie archaischer und moderner Mythen. München 2005.)

– Le Bouc émissaire. Paris 1982. (Dt.: Ausstoßung und Verfolung. Eine historische Theorie des Sündenbocks. Übers. von Elisabeth Mainberger-Ruh. Frankfurt a. M. 1992.)

– Le Sacrifice. Paris 2003.

– Les Origines de la culture. Entretiens avec Pierpaolo Antonello et João Cezar de Castro Rocha. Paris 2004.
– Mimesis and Theory. Essays on Literature and Criticism. 1953–2005. Stanford (CA) 2008.
– / Anspach, Mark R. (Hrsg.): Oedipus Unbound: Selected Writings on Rivalry and Desire. Stanford (CA) 2004.
– Proust. A Collection of Critical Essays. Englewood Cliffs (NJ) 1962.
– Quand ces choses commenceront ... Entretiens avec Michel Treguer. Paris 1994. (Dt. Wenn all das beginnt. Dialog mit Michel Treguer / René Girard. Übers. von Pascal Veldboer. Münster 1997.)
– / Williams, James G.: The Girard Reader. New York 1996.
– To Double Business Bound. Essays on Literature, Mimesis, and Anthropology. Baltimore (MD) 1978.
– / Vattimo, Gianni: Verità o fede debole. Dialogo su cristianesimo e relativismo. Hrsg. von Pierpaolo Antonello. Massa 2006.

Als Einführung eignet sich besonders:
Cynthia L. Haven: Evolution of Desire. A Life of René Girard. East Lansing 2018.

Nachwort

Wir streiten, weil wir gleich sein wollen: Wie eine paradoxe Einsicht Karriere macht

Anfang August 2019 verfolgten die Amerikaner mit Entsetzen den Amoklauf in El Paso, der 22 Opfer forderte. Ziel des Anschlags waren Latinos. Nur wenige Stunden später folgte der nächste Schock. Ein weiterer Attentäter ermordete in Dayton neun Menschen, bevor er selbst von Polizisten erschossen wurde. Zunächst ging man davon aus, dass in beiden Fällen Rassismus und Hass auf Immigranten das Tatmotiv waren; aber der zweite Täter erwies sich als Satanist vom linken Flügel und als Trump-Gegner, der die demokratische Kandidatin Elizabeth Warren unterstützte. Einfache Schemata wurden auf den Kopf gestellt, und die Polizei in Ohio rätselte über das Tatmotiv.

Doch gab es tatsächlich ein Handlungsmuster: Imitation. Der Todesschütze von Dayton hatte die Ereignisse in El Paso verfolgt und etliche Twitter-Kommentare über die Bluttat mit Likes versehen. Amokläufe hatten ihn seit langem fasziniert. Diese Erklärung allerdings war weniger publikumswirksam und taugte nicht für parteipolitische Schuldzuweisungen. Vielmehr deutete sie auf eine Fülle gesellschaftlicher und kultureller Faktoren hin, die durch die Medien – und das bedeutet im Zeitalter von Facebook und Twitter: durch uns alle – noch verstärkt wurden.

Kolonisiertes Verlangen

Einer hatte das alles vorausgesagt: der französische Denker René Girard, der bei der jüngeren Generation zunehmende Wertschätzung genießt – nicht zuletzt dank dem Einfluss eines seiner bekanntesten Studenten, Peter Thiels, des Gründers des Software-Anbieters Palantir und Mitgründers von PayPal. Mittlerweile aber liefert uns das Tagesgeschehen selbst Beweise für Girards Mimesis-Theorie. Sie lässt sich ebenso auf das »Wie du mir, so ich dir« der Politiker anwenden wie auf das Herdenverhalten der Twitter-Nutzer, die Zunahme von Mobbing und Gruppengewalt oder die Vergeltungssucht, die sich da und dort in den Kampf um soziale Gerechtigkeit eingeschlichen hat.

Laut Girard ist Imitation eine treibende Kraft menschlichen Verhaltens. Wir alle sind schließlich soziale Wesen. Wir wollen, was andere wollen. Verlangen ist deshalb nicht individuell, sondern gesellschaftlich geprägt. Andere haben unser Verlangen kolonisiert, bevor wir überhaupt wussten, dass wir es hegen.

Das Streben nach dem begehrten Objekt ist eine metaphysische Aufgabe, ähnlich einer mittelalterlichen Quest, weil wir glauben, uns so einem idealisierten ›Anderen‹ annähern zu können, in dem wir Qualitäten sehen, die uns abgehen. Wir versuchen sie zu imitieren, wenn nicht sogar zu erlangen, indem wir nach dem streben, was der andere besitzt. Wir begehren, was wir begehren, weil wir uns so das Sein des anderen anzueignen hoffen – im Glauben, dass die Essenz dessen, was wir an ihm bewundern, auf uns übergehe, wenn wir bloß denselben Liebhaber oder dieselbe Ehefrau, den gleichen Job oder ein Auto wie seines hätten. Aber das Phantom entweicht uns, indem wir es verfolgen, und die Jagd wird immer frustrierender.

Freud und Marx lagen falsch

Girard hob drei weitverbreitete Annahmen über das Wesen von Verlangen und Gewalt aus den Angeln:

1. dass unser Verlangen authentisch sei und in uns selbst wurzle,
2. dass wir unserer Differenzen wegen kämpften und nicht infolge unserer Ähnlichkeit und
3. dass Religion die Ursache von Gewalt sei und nicht vielmehr, wie Girard es behauptet, ein archaisches Mittel für die Zurückbindung von Gewalt innerhalb einer Gesellschaft.

Die Idee der Mimesis ist unterdessen längst in den Sozialwissenschaften angekommen, aber in den frühen 1950er Jahren, als Girard sie zu entwickeln begann, hatte noch niemand die Nachahmung zum Kernpunkt einer Theorie menschlichen Konkurrenzverhaltens und menschlicher Gewalt gemacht. Freud und Marx hatten unrecht: Der eine glaubte, Sexualität sei der Grundbaustein menschlichen Verhaltens; der andere sah die Wirtschaft im weitesten Sinne als Fundament.

Der wahre Schlüsselbegriff aber war das ›mimetische Begehren‹, das beidem vorausgeht und beides antreibt. Nachahmung steuert unser sexuelles Verlangen und die wirtschaftlichen Trends. Um ihretwillen wollen wir unser Kind in einer angesagten Schule sehen, ohne jeden guten Grund das neueste iPhone besitzen oder fünf Pfund weniger wiegen. Probleme tauchen auf, wenn Mangel dem Begehren Grenzen setzt, wenn das neidische Auge auf ein Objekt fällt, das nicht geteilt werden kann oder das der Besitzer nicht teilen will – eine Präsidentschaft, einen Ehepartner, ein Erbe oder den Ruhm für eine politische Errungenschaft.

Daher, erklärt Girard, bedingt das mimetische Begehren nicht nur die Art unserer Liebe; es ist auch der Grund, weshalb wir kämpfen. Zwei Hände, die sich nach demselben Gegenstand recken, werden sich irgendwann zu Fäusten ballen. Wenn zwei oder drei etwas haben möchten, dann wollen es über kurz oder lang einmal alle. Mimetisches Begehren ist ansteckend, weil Menschen sich um die Person, den Posten oder den Gegenstand scharen, in dem sie die Erfüllung ihrer Wünsche oder die Lösung ihrer Probleme wähnen.

Der Kampf wird zum Selbstzweck

Die Imitation versetzt uns in direkte Konkurrenz zu dem Menschen, den wir verehren. Er wird zum Rivalen, den wir zugleich hassen und vergöttern – und der am Ende zur Gegenwehr greift. Je schärfer der Konkurrenzkampf wird, desto mehr werden die Rivalen einander imitieren – auch wenn sie eigentlich nur das eigene Spiegelbild nachahmen, das sie im anderen sehen. So werden sich die Gegner immer ähnlicher, indem sie dieselben Taktiken anwenden, einander dieselben Beleidigungen an den Kopf werfen, nach den gleichen Statussymbolen streben.

Das begehrte Objekt selbst wird im Lauf der Zeit nebensächlich oder irrelevant. Die Rivalen haben nur noch einander im Auge, und der Kampf wird zum Selbstzweck. Auch die Zuschauer werden hineingezogen, indem sie Partei ergreifen und sich dabei mimetisch ihren bewunderten Freunden, Nachbarn oder Kollegen angleichen. So kann der Konflikt eine ganze Gesellschaft erfassen und in einen Kreislauf oder in ein sich immer weiter und weiter steigerndes Crescendo von (spiegelbildlichen) Vergeltungsmaßnahmen und Gewalt münden. Die US-Wahlkämpfe der letzten Jahre wären ein Beweis dafür.

Irgendwann legt man das ansteckende Übel, welches die Gesellschaft erfasst hat, einem Einzelnen oder einer Gruppe zur Last – in der Regel einem Außenseiter oder einer marginalisierten Gemeinschaft, Menschen also, die sich nicht wehren können oder wollen. Auf diese Weise – indem also der Mechanismus der Vergeltung nicht in Aktion treten kann – ist dieses Opfer dazu bestimmt, die eskalierenden Zyklen der Gewalt zu durchbrechen: Es wird getötet, ins Exil geschickt, an den Pranger gestellt oder auf andere Art eliminiert. Dieser Akt hat, in seiner Durchführung wie in seinen Auswirkungen, unerhörte Macht. Er vereint die verfeindeten Faktionen und löst die gesellschaftlichen Spannungen, so dass wieder Harmonie zwischen den Individuen und in der Gemeinschaft herrscht.

Laut Girard war der archaische religiöse Opferritus eine Nachinszenierung jener ersten Tötung des Sündenbocks; ein Versuch, Gemeinschaft herzustellen und erneut die mysteriösen Kräfte zu beschwören, die damals den Untergang der Gesellschaft verhindert hatten. Girard verwies oft darauf, dass das Wort ›Opfer‹ in der christlichen Ära eine andere Bedeutung angenommen hat. Einst bedeutete es, dass andere getötet wurden, um übergeordnete Mächte günstig zu stimmen; in den letzten zwei Jahrtausenden meinte es die *Selbstaufopferung*.

Girards nächster Gedankenschritt sollte sich als der provokativste von allen erweisen. Laut ihm sind die biblischen Texte einzigartig, indem sie die Unschuld des Sündenbocks einsehbar machen und damit den Mechanismus destabilisieren, der es ermöglicht, dass das Opfer sowohl der Schuldige wie auch der Erlöser ist – und dass gesellschaftliche Gewalt mittels Gewalt überwunden werden kann. Dieses Verständnis brauchte Jahrtausende, um sich durchzusetzen. Aber es brachte uns eine Offenbarung, im Angesicht derer wir nicht mehr guten Gewissens morden können.

Angst statt Achtung

Zwar genießen Opfer heute Respekt und Privilegien – so sehr, dass Individuen und Gruppen sogar um den Opferstatus wetteifern, die Territorien ihrer jeweiligen Benachteiligung markieren und die Machthaber in die Defensive drängen. Doch der archaische Opfertrieb lebt noch immer in uns fort. Wir möchten unsere Gesellschaft von den Rechtsextremen oder den Linksextremen, von den Immigranten oder den Nativisten, den Palästinensern, den Brexit-Befürwortern oder der AfD befreien. Doch können wir nach einem Jahrhundert der Genozide und der ethnischen Säuberungen nicht einfach so tun, als wüssten wir nicht, was geschehen kann, wenn wir Individuen und Gruppen dämonisieren und Lust bekunden, die ›anderen‹ loszuwerden.

Dabei verschaffen uns Girards Einsichten eine neue Sicht auf die Welt um uns. Vor einigen Jahren marschierten in Charlottesville, Virginia, Hunderte junger Männer auf, die Fackeln trugen, den Arm zum Hitlergruß hoben und eine durch und durch diskreditierte Ideologie zelebrierten; eine junge Frau verlor ihr Leben, als ein erboster Mann sein Auto in eine Gruppe von Gegendemonstranten steuerte. Wer würde nicht wetten, dass diese Burschen im Geheimen schon lange weiße Suprematisten waren, die nur darauf gewartet hatten, dass eine etwas laxere Handhabe der politischen Korrektheit ihnen den Schritt aus der Anonymität ins Rampenlicht erlauben würde? Und solches lässt sich ständig und weltweit beobachten.

Ich möchte ein wahrscheinlicheres Szenario vorschlagen. Nicht nur in den Regionen Amerikas, wo es nur noch wenige und schlecht dotierte Arbeitsmöglichkeiten gibt, wo Gewerkschaften nicht mehr für Löhne garantieren können, die ein Auskommen ermöglichen – sondern weltweit und an den verschiedensten Orten haben Menschen, die in prekären Umständen leben und mit Verachtung behandelt werden, seit Jahren um gesellschaftliche Anerkennung gerungen. Unseren Respekt konnten sie sich nicht verschaffen, doch haben sie jetzt wenigstens ein Mittel, um Aufmerksamkeit auf sich zu ziehen.

Als mimetische Wesen suchen wir Menschen in den Augen der anderen unsere Bestätigung. Wenn wir ihre Achtung nicht gewinnen können, dann laben wir uns an ihrer Angst, denn auch diese ist eine Art von Bestätigung – eine Bestätigung von Macht und Handlungsvermögen.

Bedingungsloser Frieden

Wir haben die Neigung nicht verloren, Sündenböcke zu schaffen, und sie eint uns nach wie vor. Mit dem Begriff ›weißer Nationalist‹ etwa wurde derart Schindluder getrieben, dass er bedeutungslos geworden ist – lediglich ein Mittel, um jemanden zu stigmatisieren und für vogelfrei zu erklären.

Auch Europa kennt diese Mechanismen. Aber ihre Auswirkungen sind unmittelbarer und tödlicher in einem heißen Sommer im amerikanischen Herzland, wo Waffen eine lange Geschichte und eine nachgerade mystische Aura haben – auch das übrigens ein mimetisches Phänomen.

Girard schloss mit den Worten: »Wir müssen unseren Nachbarn gegenübertreten und den bedingungslosen Frieden erklären. Sogar wenn wir provoziert und herausgefordert werden, müssen wir der Gewalt entsagen, ein für alle Mal.« Er forderte allumfassende Vergebung, solange noch Zeit dafür ist. Mit dieser Einsicht könnten wir einer anderen Zukunft entgegengehen.

Zum Autor

RENÉ GIRARD (1923–2015) studierte Geschichte an der École nationale des chartes in Paris. 1947 ging er in die USA, wo er zweimal ein Guggenheim-Stipendium erhielt und 1979 ein Mitglied der American Academy of Arts and Sciences wurde. Er hatte mehrere Professuren inne, zuletzt seit 1981 an der Stanford University, Kalifornien.

Sein Werk untersucht die Ursachen von Konflikten und Gewalt und bietet eine ›mimetische Theorie‹ des Ursprungs der Kultur und des menschlichen Verhaltens. Er inspirierte Schriftsteller wie Milan Kundera und den Literaturnobelpreisträger J. M. Coetzee und wurde zu einem der 40 *immortels* der Académie française ernannt.

Zur Herausgeberin

CYNTHIA L. HAVEN ist Publizistin und Buchautorin. Sie hat unter anderem Studien über die Lyriker Czesław Miłosz und Joseph Brodsky vorgelegt: *Joseph Brodsky: Conversations* (2003), *The Man Who Brought Brodsky Into English: Conversations with George L. Kline* (2020) und *Czesław Miłosz: A Californian Life* (2021). 2018 erschien ihre Girard-Biographie *Evolution of Desire: A Life of René Girard*; 2020 der Band *Conversations with René Girard: Prophet of Envy*.

Danksagung

Der Verlag möchte mit Nachdruck seinen Dank gegenüber *Imitatio* und besonders Frau Martha Girard ausdrücken, ohne deren großzügige Unterstützung dieses Projekt nicht hätte realisiert werden können.